改訂版

聞いて覚える中国語単語帳

キクタン

中国語

【初中級編】

中検3級レベル

はじめに

「キクタン 中国語」シリーズとは

ベストセラー「キクタン」の中国語版

単語を聞いて覚える“「聞く」単語集”、すなわち「キクタン」。「キクタン」シリーズはアルクの英単語学習教材として始まりました。本シリーズは音楽のリズムに乗りながら楽しく語彙を学ぶ「チャンツ」という学習法を採用し、受験生からTOEIC®のスコアアップを狙う社会人まで、幅広いユーザーの支持を受けています。本書は、この「キクタン」をベースにした中国語の単語帳です。

中国語検定3級レベルやHSKの4～5級レベルの単語と文法も学習できる

改訂版では内容を一新し、過去数年間の中国語検定試験で使用されている語彙、外国人に対する中国語教育のために制定されたHSK（汉语水平考试）の語彙、中国語を扱った複数のコーパスを基礎データに中国語学習の初級後半（初中級）段階で覚えてほしい単語を896語収録しました。また例文も日常生活ですぐに使える表現を中心に、基本的な文型を用いて作られており、初級後半段階の学習者には最適な学習書となっています。

だから「ゼッタイに覚えられる」!

本書の4大特長

1 過去の中検問題を徹底分析!

中国語検定試験で使用されている語彙、外国人に対する中国語教育のために制定されたHSK（汉语水平考试）の語彙、中国語を扱った複数のコーパスを基礎データに中国語学習の初級後半段階で覚えてほしい単語を896語収録しました。

2 「耳」と「目」をフル活用して覚える!

本書では音楽のリズムに乗りながら楽しく単語の学習ができる「チャンツ」を用意。「目」と「耳」から同時に単語をインプットし、さらに「口」に出していきます。また、日本人が苦手とするピンインや声調もチャンツで覚えることができます。

3 1日16語、8週間のスケジュール学習!

「ムリなく続けられること」を前提に、1日の学習語彙量を16語に設定しています。さらに8週間、56日間の「スケジュール学習」ですので、ペースをつかみながら効率的・効果的に語彙を身に付けていくことができます。音声にはチャンツだけでなく、例文も収録しているので、音声を聞くだけでもしっかり学習できます。

4 +α語彙も充実!

本書では、このレベルで覚えたい語彙や中国語の知識も多数掲載しています。中国語力を高めたい人から試験合格を目指す人まで、必要に合わせてご利用いただけます。

本書とダウンロード音声の利用法

1日の学習量は4ページ、学習語彙数は16語です。

見出し語

この日に学習する16語がピンインと一緒に掲載されています。
✎は、日本の漢字と形が違うものを表しています。

定義

赤字は最も一般的に用いられる定義です。チャンツ音声ではこの赤字を読み上げています。
定義の前に表示されている記号の意味は次のようになります。

[名] 名詞　[動] 動詞　[形] 形容詞
[副] 副詞 [量] 量詞　[代] 代詞
[助] 助詞 [助動] 助動詞 [接] 接続詞(連詞)
[前] 前置詞（介詞）

Tips

見出し語や中国語、中国事情などについて「ちょっと知っておきたいこと」をまとめました。学習の参考にしてください。

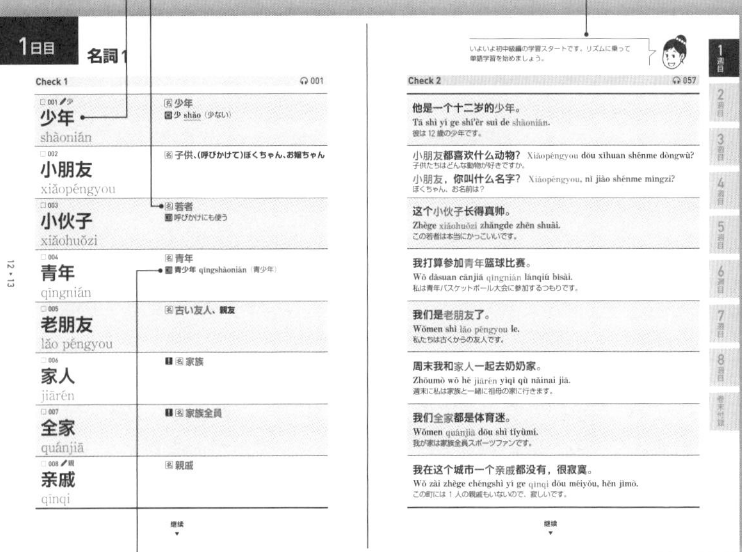

1日目　名詞 1

Check 1　001

□ 001 ✎少
少年 shàonián
[名] 少年
少 shǎo（少ない）

□ 002
小朋友 xiǎopéngyou
[名] 子供、(呼びかけて)ぼくちゃん、お嬢ちゃん

□ 003
小伙子 xiǎohuǒzi
[名] 若者
呼びかけにも使う

□ 004
青年 qīngnián
[名] 青年
青少年 qīngshàonián（青少年）

□ 005
老朋友 lǎo péngyou
[名] 古い友人、親友

□ 006
家人 jiārén
! [名] 家族

□ 007
全家 quánjiā
! [名] 家族全員

□ 008 ✎親
亲戚 qīnqi
[名] 親戚

继续

12・13

いよいよ初中級編の学習スタートです。リズムに乗って単語学習を始めましょう。

Check 2　057

他是一个十二岁的少年。
Tā shì yí ge shí'èr suì de shàonián.
彼は12歳の少年です。

小朋友都喜欢什么动物？ Xiǎopéngyou dōu xǐhuan shénme dòngwù?
子供たちはどんな動物が好きですか。
小朋友，你叫什么名字？ Xiǎopéngyou, nǐ jiào shénme míngzi?
ぼくちゃん、お名前は？

这个小伙子长得真帅。
Zhège xiǎohuǒzi zhǎngde zhēn shuài.
この若者は本当にかっこいいです。

我打算参加青年篮球比赛。
Wǒ dǎsuan cānjiā qīngnián lánqiú bǐsài.
私は青年バスケットボール大会に参加するつもりです。

我们是老朋友了。
Wǒmen shì lǎo péngyou le.
私たちは古くからの友人です。

周末我和家人一起去奶奶家。
Zhōumò wǒ hé jiārén yìqǐ qù nǎinai jiā.
週末に私は家族と一緒に祖母の家に行きます。

我们全家都是体育迷。
Wǒmen quánjiā dōu shì tǐyùmí.
我が家は家族全員スポーツファンです。

我在这个城市一个亲戚都没有，很寂寞。
Wǒ zài zhège chéngshì yí ge qīnqi dōu méiyǒu, hěn jìmò.
この町には1人の親戚もいないので、寂しいです。

继续

1週目　2週目　3週目　4週目　5週目　6週目　7週目　8週目　巻末付録

語注

よく使うフレーズや関連語、よくつく量詞、注意すべき点などを掲載しています。記号の意味は次のようになります。

- 関連語や追加の解説など
- 同一の漢字で、複数の読み方があるもの
- 聞き間違えやすい同音異義語
- ＝ 同義語
- ⇔ 反義語
- ! 日本語と同じ漢字でも意味・用法が違うため、注意すべき語彙
- 量 見出し語に対応する量詞

本書のピンイン表記について

① 原則として《現代漢語詞典》(商務印書館)の第七版に基づいています。

② “一”、“不”は変調後の発音表記にしています。

③ 3声が連続する場合の声調の変化については、本来の声調で表記しました。

④《現代漢語詞典》で声調がついていても、軽声で発音するのが普通で、場合によって本来の声調で発音されるものについては軽声で表示します。

⑤ “没有”は動詞の場合は méiyǒu 、副詞の場合は méiyou と表記します。

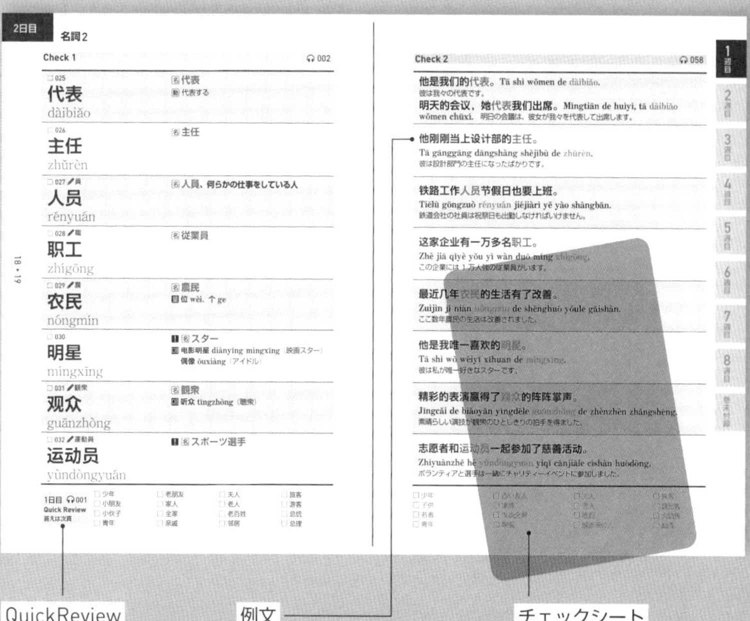

QuickReview
前日に学習した語彙のチェックリストです。左ページに中国語、右ページに日本語を掲載しています。日本語は赤シートで隠すことができます。

例文
見出し語と派生語を含む中国語の例文と日本語訳を掲載しています。よく使われる表現を選び、自然な中国語になるようにしていますので、少しレベルの高い語彙を含む文を採用しているものもあります。

チェックシート
本書にはチェックシートを付属しています。本文の赤字部分を隠し、単語やピンインを覚える際に活用してください。

1日の学習量は4ページ。学習単語数は 16 語となっています。
1つの見出し語につき、定義を学ぶ「Check 1」、
例文の中で単語を学ぶ「Check 2」があります。
まずは「チャンツ音楽」のリズムに乗りながら、
見出し語と定義を「耳」と「目」で押さえましょう。
Check1 では定義とピンインが身に付いているか、
Check2 では訳を参照しながら、隠されている語が
すぐに浮かんでくるかを確認しましょう。

Check1 🎧

該当のトラックを呼び出し、見出し語とその意味をチェック!
まずはしっかり単語を覚えましょう。

Check2 🎧

見出し語を含む例文をチェック!
実践的な例に触れることで、理解度が高まります。

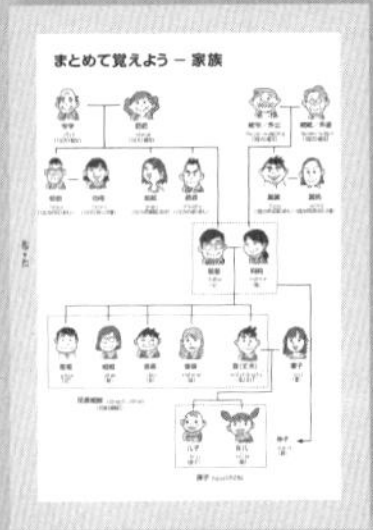

まとめて覚えよう

テーマ別に学習したほうが覚えやすい・使いやすい単語を 1 週間に 1 つのテーマでまとめています。

巻末付録

中国語学習に役立つ、「3級レベルで覚えたい 方位詞・量詞・連語・パターン表現・補語」を掲載しています。基礎固めに利用してください。

おすすめの学習モード

見出し語だけを聞く「チャンツモード」
学習時間：3 分

忙しいときには Check 1の「チャンツ音楽」を聞き流すだけでもOK! できれば、チャンツを聞いた後にマネして発音してみましょう。

見出し語も例文も聞く「しっかりモード」
学習時間：12 分

やるからにはしっかり取り組みたい人は、Check 1の「チャンツ音楽」と Check 2の「例文音声」、どちらも学習しましょう。例文も声に出してみることで、定着度がアップします。正しい発音や声調を意識して「音読」してみてください。余裕のあるときは、語注の内容もしっかり押さえましょう。

音声の構成

本書では「見出し語」（チャンツ）と「例文」の音声は以下のような構成になっています。

見出し語

チャンツに乗せて「中国語　→　日本語（定義）　→中国語」のパターンで読んでいます。

例文

読み上げ音声を「中国語の見出し語　→日本語（定義）→　中国語例文」のパターンで収録しています。（チャンツ形式ではありません）

その他、「方位詞・量詞・数詞」「パターン表現」「補語」部分の音声も収録されていますので、ぜひご活用ください。

音声ダウンロードについて

本書の音声は無料でダウンロードしていただけます。

パソコンでダウンロードする場合

以下の URL で「アルク・ダウンロードセンター」にアクセスの上、画面の指示に従って、音声ファイルをダウンロードしてください。
【URL】https://portal-dlc.alc.co.jp/
【商品コード】7021064

スマートフォンでダウンロードする場合

以下の URL から学習用アプリ「booco」をインストールの上、ホーム画面下「探す」から本書を検索し、音声ファイルをダウンロードしてください。
【URL】https://www.booco.jp/

※本サービスの内容は、予告なく変更する場合がございます。あらかじめご了承ください。

中検について

「中検」は、「中国語検定試験」の略称で、日本中国語検定協会によって実施されている、主に日本語を母語とする中国語学習者を対象に中国語の学習到達度を測定する試験です。1981 年秋に第1 回中国語検定試験が実施されて以降、評価基準、評価方法に検討が加えられ、今日まで回を重ねてきました。

3 級合格の認定基準

3級試験は、「一般的事項をマスター」しているかどうかに基準が置かれています。
このレベルに到達するための学習時間は 200 ～ 300 時間で、一般大学の第二外国語における第二年度履修程度とされています。
出題内容は、以下のように定められています。

- 発音（ピンイン表記）及び単語の意味
- 常用語 1,000 ～ 2,000 による複文の日本語訳・中国語訳

3 級に合格すれば、
基本的な文章の読み・書き、
簡単な日常会話ができるレベル
と言えるでしょう。

※詳しい情報については下記にお問い合わせください。

一般財団法人 日本中国語検定協会

〒103-8468 東京都中央区東日本橋2-28-5 協和ビル
電話番号：03-5846-9751　メールアドレス：info@chuken.gr.jp
ホームページ：https://www.chuken.gr.jp

目次

1日16語、8週間で中国語検定3級レベルの896語をマスター!

キクタン中国語

1 週目

✓学習したらチェック！

- ■ 1日目 名詞 1
- ■ 2日目 名詞 2
- ■ 3日目 名詞 3
- ■ 4日目 動詞 1
- ■ 5日目 動詞 2
- ■ 6日目 動詞 3
- ■ 7日目 形容詞 1

中国語で言ってみよう！

私たちは古くからの友人です。

（答えは 005）

名詞1

Check 1 001

□ 001 ✎少

少年
shàonián

名 少年
少 shǎo（少ない）

□ 002

小朋友
xiǎopéngyou

名 子供、(呼びかけて)ぼくちゃん、お嬢ちゃん

□ 003

小伙子
xiǎohuǒzi

名 若者
呼びかけにも使う

□ 004

青年
qīngnián

名 青年
青少年 qīngshàonián（青少年）

□ 005

老朋友
lǎo péngyou

名 古い友人、親友

□ 006

家人
jiārén

! 名 家族

□ 007

全家
quánjiā

! 名 家族全員

□ 008 ✎親

亲戚
qīnqi

名 親戚

继续
▼

いよいよ初中級編の学習スタートです。リズムに乗って単語学習を始めましょう。

Check 2

057

他是一个十二岁的少年。
Tā shì yí ge shí'èr suì de shàonián.
彼は12歳の少年です。

小朋友都喜欢什么动物？ Xiǎopéngyou **dōu xǐhuan shénme dòngwù?**
子供たちはどんな動物が好きですか。
小朋友，你叫什么名字？ Xiǎopéngyou, **nǐ jiào shénme míngzi?**
ぼくちゃん、お名前は？

这个小伙子长得真帅。
Zhège xiǎohuǒzi **zhǎngde zhēn shuài.**
この若者は本当にかっこいいです。

我打算参加青年篮球比赛。
Wǒ dǎsuan cānjiā qīngnián **lánqiú bǐsài.**
私は青年バスケットボール大会に参加するつもりです。

我们是老朋友了。
Wǒmen shì lǎo péngyou **le.**
私たちは古くからの友人です。

周末我和家人一起去奶奶家。
Zhōumò wǒ hé jiārén **yìqǐ qù nǎinai jiā.**
週末に私は家族と一緒に祖母の家に行きます。

我们全家都是体育迷。
Wǒmen quánjiā **dōu shì tǐyùmí.**
我が家は家族全員スポーツファンです。

我在这个城市一个亲戚都没有，很寂寞。
Wǒ zài zhège chéngshì yí ge qīnqi **dōu méiyǒu, hěn jìmò.**
この町には1人の親戚もいないので、寂しいです。

继续
▼

名詞1

Check 1

🎧 001

□ 009

夫人
fūren

名 夫人
量 位 wèi

□ 010

老人
lǎorén

名 老人、年寄り

□ 011

老百姓
lǎobǎixìng

名 庶民、一般大衆

□ 012 ✎隣

邻居
línjū

名 隣近所の人、隣家

□ 013 ✎旅

旅客
lǚkè

名 旅客、観光客、旅行者

□ 014 ✎遊

游客
yóukè

名 観光客

□ 015 ✎総統

总统
zǒngtǒng

! 名 大統領

□ 016 ✎総

总理
zǒnglǐ

名 総理
中国では"国务院 guówùyuàn"(国務院)の最高指導者を指す

田中和夫人一起去中国旅游了。
Tiánzhōng hé fūren yìqǐ qù Zhōngguó lǚyóu le.
田中さんと奥さんは一緒に中国に旅行に行きました。

那位老人已经八十多了，但是身体非常健康。
Nà wèi lǎorén yǐjīng bāshí duō le, dànshì shēntǐ fēicháng jiànkāng.
あの老人はもう 80 を過ぎましたが、体は非常に健康です。

经济发展了，老百姓的生活越来越好了。
Jīngjì fāzhǎn le, lǎobǎixìng de shēnghuó yuè lái yuè hǎo le.
経済が発展したので、庶民の生活はますますよくなりました。

现在邻居之间的来往比以前少了。
Xiànzài línjū zhījiān de láiwǎng bǐ yǐqián shǎo le.
今、隣近所の付き合いは以前より少なくなりました。

旅客们陆续地走进了车站。
Lǚkèmen lùxù de zǒujìnle chēzhàn.
旅客は続々と駅に入っていきました。

春节的时候来日本的中国游客特别多。
Chūnjié de shíhou lái Rìběn de Zhōngguó yóukè tèbié duō.
春節のとき日本に来る中国人観光客は特に多いです。

美国总统每四年选举一次。
Měiguó zǒngtǒng měi sì nián xuǎnjǔ yí cì.
アメリカ大統領は 4 年に 1 度選出されます。

现在中国的总理是谁?
Xiànzài Zhōngguó de zǒnglǐ shì shéi?
現在中国の総理は誰ですか。

名詞2

Check 1 002

□ 017
教授
jiàoshòu
名 教授

□ 018 专
专家
zhuānjiā
名 専門家

□ 019 究
研究生
yánjiūshēng
! 名 大学院生

□ 020
作者
zuòzhě
名 作者

□ 021
作家
zuòjiā
名 作家

□ 022
病人
bìngrén
名 病人、患者

□ 023
主人
zhǔren
名 主人
⇔ 客人 kèren（客）

□ 024 経
经理
jīnglǐ
名（会社の）責任者、マネージャー、経営者
動 经历 jīnglì（経験する）
总经理 zǒngjīnglǐ（社長）
日本語の「経理」は"会计 kuàijì"

继续 ▼

"明星"といえば"刘德华 Liú Déhuá"それとも"李小龙 Lǐ Xiǎolóng"?それぞれ誰でしょう?

Check 2

058

我的爸爸是大学教授。
Wǒ de bàba shì dàxué jiàoshòu.
私の父は大学教授です。

他父亲是英语教育的专家。
Tā fùqin shì Yīngyǔ jiàoyù de zhuānjiā.
彼の父親は英語教育の専門家です。

中国每年有很多人考研究生。
Zhōngguó měi nián yǒu hěn duō rén kǎo yánjiūshēng.
中国では毎年多くの人が大学院を受験します。

这本书的作者是老舍。
Zhè běn shū de zuòzhě shì Lǎo Shě.
この本の作者は老舎です。

他爸爸是很有名的作家。
Tā bàba shì hěn yǒumíng de zuòjiā.
彼の父親は有名な作家です。

他们把病人送到医院去了。
Tāmen bǎ bìngrén sòngdào yīyuàn qù le.
彼らは病人を病院まで送り届けました。

他是这只狗的主人。
Tā shì zhè zhī gǒu de zhǔren.
彼はこの犬の飼い主です。

经理不在,您有什么事情吗?
Jīnglǐ bú zài, nín yǒu shénme shìqing ma?
責任者は不在にしております、何か御用ですか。

继续
▼

名詞2

Check 1

🎧 002

☐ 025
代表
dàibiǎo
名 **代表**
動 代表する

☐ 026
主任
zhǔrèn
名 **主任**

☐ 027 ✎員
人员
rényuán
名 **人員、何らかの仕事をしている人**

☐ 028 ✎職
职工
zhígōng
名 **従業員**

☐ 029 ✎農
农民
nóngmín
名 **農民**
量 位 wèi、个 ge

☐ 030
明星
míngxīng
! 名 **スター**
関 电影明星 diànyǐng míngxīng（映画スター）
偶像 ǒuxiàng（アイドル）

☐ 031 ✎観衆
观众
guānzhòng
名 **観衆**
関 听众 tīngzhòng（聴衆）

☐ 032 ✎運動員
运动员
yùndòngyuán
! 名 **スポーツ選手**

1日目 🎧 001
Quick Review
答えは次頁

☐ 少年 ☐ 老朋友 ☐ 夫人 ☐ 旅客
☐ 小朋友 ☐ 家人 ☐ 老人 ☐ 游客
☐ 小伙子 ☐ 全家 ☐ 老百姓 ☐ 总统
☐ 青年 ☐ 亲戚 ☐ 邻居 ☐ 总理

他是我们的代表。Tā shì wǒmen de dàibiǎo.
彼は我々の代表です。
明天的会议，她代表我们出席。Míngtiān de huìyì, tā dàibiǎo wǒmen chūxí. 明日の会議は、彼女が我々を代表して出席します。

他刚刚当上设计部的主任。
Tā gānggāng dāngshàng shèjìbù de zhǔrèn.
彼は設計部門の主任になったばかりです。

铁路工作人员节假日也要上班。
Tiělù gōngzuò rényuán jiéjiàrì yě yào shàngbān.
鉄道会社の社員は祝祭日も出勤しなければいけません。

这家企业有一万多名职工。
Zhè jiā qǐyè yǒu yí wàn duō míng zhígōng.
この企業には 1 万人強の従業員がいます。

最近几年农民的生活有了改善。
Zuìjìn jǐ nián nóngmín de shēnghuó yǒule gǎishàn.
ここ数年農民の生活は改善されました。

他是我唯一喜欢的明星。
Tā shì wǒ wéiyī xǐhuan de míngxīng.
彼は私が唯一好きなスターです。

精彩的表演赢得了观众的阵阵掌声。
Jīngcǎi de biǎoyǎn yíngdéle guānzhòng de zhènzhèn zhǎngshēng.
素晴らしい演技が観衆のひとしきりの拍手を得ました。

志愿者和运动员一起参加了慈善活动。
Zhìyuànzhě hé yùndòngyuán yìqǐ cānjiāle císhàn huódòng.
ボランティアと選手は一緒にチャリティーイベントに参加しました。

□ 少年	□ 古い友人	□ 夫人	□ 旅客
□ 子供	□ 家族	□ 老人	□ 観光客
□ 若者	□ 家族全員	□ 庶民	□ 大統領
□ 青年	□ 親戚	□ 隣近所の人	□ 総理

名詞3

Check 1

003

□ 033 ✎対象
对象
duìxiàng
名 対象、(恋愛などの) 相手

□ 034 ✎敵
敌人
dírén
名 敵

□ 035 ✎才
人才
réncái
名 人材
日 人材 réncái

□ 036
人物
rénwù
名 人物、人間

□ 037 ✎類
人类
rénlèi
名 人類

□ 038 ✎龍
龙
lóng
名 タツ (辰)
量 条 tiáo

□ 039
蛇
shé
名 ヘビ (巳)
量 条 tiáo

□ 040
兔子
tùzi
名 ウサギ (卯)
量 只 zhī

继续
▼

年齢を直接聞きにくい場合は、"你属什么？"を使って干支を聞いてみましょう。

Check 2

059

我没时间谈恋爱，所以找不到合适的对象。
Wǒ méi shíjiān tán liàn'ài, suǒyǐ zhǎobudào héshì de duìxiàng.
私は恋愛をする時間がないので、ふさわしい相手が見つかりません。

病毒是人类最大的敌人。
Bìngdú shì rénlèi zuìdà de dírén.
ウイルスは人類最大の敵です。

现在各国都需要高科技的人才。
Xiànzài gè guó dōu xūyào gāokējì de réncái.
現在各国は先端科学技術を持つ人材を必要としています。

我不过是一个平平凡凡的人物。
Wǒ búguò shì yí ge píngpíngfánfán de rénwù.
私はごくありふれた人間に過ぎません。

狗是人类最忠实的朋友。
Gǒu shì rénlèi zuì zhōngshí de péngyou.
犬は人類の最も忠実な友達です。

他是属龙的，我是属猪的。
Tā shì shǔ lóng de, wǒ shì shǔ zhū de.
彼はタツ年で、私はイノシシ年です。

我属蛇，今年二十一岁了。
Wǒ shǔ shé, jīnnián èrshiyī suì le.
私はヘビ年生まれで、今年 21 歳になりました。

我家有两只小兔子。
Wǒ jiā yǒu liǎng zhī xiǎo tùzi.
私の家には、小ウサギが 2 羽います。

继续
▼

名詞3

Check 1

□ 041

皮

pí

名 **皮、皮膚、表皮**

量 张 zhāng、块 kuài、层 céng

□ 042

尾巴

wěiba

名 **尾、しっぽ**

量 条 tiáo、根 gēn

口語では yǐba とも発音する

□ 043

区

qū

名 **区**

社区 shèqū（コミュニティ）、**区域** qūyù（区域）などのように使われることが多い

□ 044 省

省

shěng

! 名 **（中国の行政区画）省**

動 節約する

中国の行政区画の最上級単位

□ 045 県

县

xiàn

名 **県**

中国の行政区画の1つ

省、自治区、直轄市の下に位置する

□ 046

外地

wàidì

名 **よその土地、地方**

外地人 wàidìrén（よその土地の人）

□ 047

当地

dāngdì

名 **地元、当地**

当地人 dāngdìrén（地元の人）

□ 048

国外

guówài

名 **国外、海外**

2日目 002
Quick Review
答えは次頁

□ 教授 □ 作家 □ 代表 □ 农民
□ 专家 □ 病人 □ 主任 □ 明星
□ 研究生 □ 主人 □ 人员 □ 观众
□ 作者 □ 经理 □ 职工 □ 运动员

这种西瓜不好吃，皮太厚。
Zhè zhǒng xīgua bù hǎochī, pí tài hòu.
このスイカはおいしくない、皮が厚すぎます。

这种狗尾巴很长。
Zhè zhǒng gǒu wěiba hěn cháng.
この種の犬はしっぽが長いです。

我家住在西城区。
Wǒ jiā zhùzài Xīchéngqū.
私の家は西城区にあります。

湖南省和滋贺县是友好城市。Húnánshěng hé Zīhèxiàn shì yǒuhǎo chéngshì.　湖南省と滋賀県は友好都市です。

为了省钱晚上尽量不喝酒。Wèile shěng qián wǎnshang jǐnliàng bù hē jiǔ.　お金を節約するために、夜はできるだけお酒を飲みません。

中国有两千多个县。
Zhōngguó yǒu liǎngqiān duō ge xiàn.
中国には 2000 余りの県があります。

我想给外地的朋友寄一点儿特产。
Wǒ xiǎng gěi wàidì de péngyou jì yìdiǎnr tèchǎn.
地方の友だちにちょっとお土産を送りたいのです。

当地人一定不会买这么贵的东西。
Dāngdìrén yídìng bú huì mǎi zhème guì de dōngxi.
地元の人は絶対にこんな高い物を買うはずはありません。

我儿子在国外念书。
Wǒ érzi zài guówài niànshū.
私の息子は外国で勉強しています。

□ 教授	□ 作家	□ 代表	□ 農民
□ 専門家	□ 病人	□ 主任	□ スター
□ 大学院生	□ 主人	□ 人員	□ 観衆
□ 作者	□ (会社の)責任者	□ 従業員	□ スポーツ選手

動詞1

Check 1

004

□ 049
抓
zhuā
動 つかむ、捕まえる

□ 050 ✎緊
抓紧
zhuā▼jǐn
動 しっかりつかむ

□ 051
托
tuō
動 頼む、託する、委託する、（手のひらや物の上に載せて）支える

□ 052
按
àn
動 押す
前 ～どおりに、～に基づいて

□ 053
摸
mō
動 触る、なでる、手探りする

□ 054
扭
niǔ
動 ひねる、ねじる、くじく、振り返る

□ 055
拍
pāi
! 動 たたく、撮る
拍照片 pāi zhàopiàn（写真を撮る）
拍卖 pāimài（競売する）

□ 056 ✎揺
摇
yáo
動 振る、振り動かす、揺れる

继续
▼

"请不要乱扔垃圾"は書き言葉では"请勿乱扔垃圾"と書かれます。ゴミ箱の近くに貼られている注意書きを確認！

Check 2

060

坏人被警察抓住了。
Huàirén bèi jǐngchá zhuāzhù le.
悪人が警察に捕まりました。

快考试了，我要抓紧时间复习。
Kuài kǎoshì le, wǒ yào zhuājǐn shíjiān fùxí.
もうすぐ試験なので、時間をむだにせず復習しなければいけません。

她托我把这本书带给我妹妹。
Tā tuō wǒ bǎ zhè běn shū dàigěi wǒ mèimei.
彼女は私にこの本を私の妹に持って行くよう頼みました。

请你按一下回车键。 Qǐng nǐ àn yíxià huíchējiàn.
エンターキーを押してください。
我们就按他说的办吧！ Wǒmen jiù àn tā shuō de bàn ba!
私たちは彼の言うとおりにしましょう！

我摸了摸他的头，觉得有点儿热。
Wǒ mōle mō tā de tóu, juéde yǒudiǎnr rè.
彼の頭を触ってみたら、少し熱いと感じました。

我打网球时把脚扭了。
Wǒ dǎ wǎngqiú shí bǎ jiǎo niǔ le.
テニスをしたときに、足をくじきました。

他拍了一下我的肩膀。 Tā pāile yíxià wǒ de jiānbǎng.
彼は私の肩をポンとたたきました。
他拍了几张照片留作纪念。 Tā pāile jǐ zhāng zhàopiàn liúzuò jìniàn.
彼は記念に何枚か写真を撮りました。

他摇头表示反对。
Tā yáotóu biǎoshì fǎnduì.
彼は頭を振って反対を示しました。

继续
▼

動詞1

Check 1

🎧 004

□ 057
扔
rēng
動 **捨てる、投げる**

□ 058
摆
bǎi
動 **並べる、配置する**
例 配置を考えて並べる

□ 059 ✎排
排
pái
! 動 **並べる、並ぶ**
名 順に並んだ列
量 並んだものを数える
例 順番に並べる

□ 060 ✎排隊
排队
pái▼duì
動 **整列する、順に並ぶ**

□ 061
提
tí
動 **持つ、提起する**
例 **提意见** tí yìjian（意見を言う）

□ 062 ✎堆
堆
duī
動 **積む、積み上げる**
量 積んであるものを数える

□ 063 ✎挿
插
chā
動 **挿す**

□ 064 ✎填
填
tián
動 **埋める、記入する**

3日目 🎧003
Quick Review
答えは次頁

□ 对象	□ 人类	□ 皮	□ 县
□ 敌人	□ 龙	□ 尾巴	□ 外地
□ 人才	□ 蛇	□ 区	□ 当地
□ 人物	□ 兔子	□ 省	□ 国外

Check 2

060

请不要乱扔垃圾。
Qǐng búyào luàn rēng lājī.
ゴミをむやみに捨てないでください。

阳台上摆着很多花盆。
Yángtái shang bǎizhe hěn duō huāpén.
ベランダにはたくさんの植木鉢が並べてあります。

请把椅子排好。 Qǐng bǎ yǐzi páihǎo.　イスをちゃんと並べてください。
前排没有空座。 Qiánpái méiyǒu kòngzuò.　前の列には空席がありません。
商店前站了两排人。 Shāngdiàn qian zhànle liǎng pái rén.　店の前には2列に人が並んでいました。

看这场比赛的人很多，得到窗口排队买票。
Kàn zhè chǎng bǐsài de rén hěn duō, děi dào chuāngkǒu páiduì mǎi piào.
この試合を見る人は多いので、窓口で並んでチケットを買わなければいけません。

她手里提着一个书包。 Tā shǒu li tízhe yí ge shūbāo.
彼女は手にかばんを提げています。
我想提一个问题。 Wǒ xiǎng tí yí ge wèntí.
1つ質問をしたいのですが。

他书房的桌子上堆着很多书。 Tā shūfáng de zhuōzi shang duīzhe hěn duō shū.　彼の書斎の机にはたくさんの本が積んであります。
门前还有一堆雪没有化。 Ménqián hái yǒu yì duī xuě méiyou huà.
出入り口の前にはまだ溶けていない雪があります。

她往桌子上的花瓶里插了几朵花。
Tā wǎng zhuōzi shang de huāpíng li chāle jǐ duǒ huā.
彼女はテーブルの花瓶に花を何本か挿しました。

请填写兑换单。
Qǐng tiánxiě duìhuàndān.
両替書に記入してください。

- □ 対象
- □ 敵
- □ 人材
- □ 人物
- □ 人類
- □ タツ（辰）
- □ ヘビ（巳）
- □ ウサギ（卯）
- □ 皮
- □ 尾
- □ 区
- □ （中国の行政区画）省
- □ 県
- □ よその土地
- □ 地元
- □ 国外

動詞2

Check 1

005

□ 065
折
zhé
動 折る、割り引く
動 shé（折れる）

□ 066
翻
fān
動 めくる、逆さにする

□ 067
切
qiē
動（刃物で）切る
切 qiè（ぴったり合う）

□ 068
刺
cì
動 突き刺す、突き通す、刺激する

□ 069 簽
签名
qiān▼míng
動 サインする、署名する
名 サイン

□ 070
赶
gǎn
動 間に合わせる、急ぐ、追う

□ 071
追
zhuī
動 追う、追求する

□ 072
逃
táo
動 逃げる、避ける

继续
▼

“全场打七折”(30%オフ)、“半折”(半額)、“买2送1”(2つ買ったら1つプレゼント)などお得情報は見落とさないで。

Check 2

061

树枝很粗，不容易折断。 Shùzhī hěn cū, bù róngyì zhéduàn.
枝が太いので、折れにくいです。

打七折吧！ Dǎ qī zhé ba!
7 掛け（3 割引）にしてください！

请把书翻到二十四页。 Qǐng bǎ shū fāndào èrshisì yè.
本を 24 ページまでめくってください。

你别把衣服翻过来穿。 Nǐ bié bǎ yīfu fānguolai chuān.
服を裏表に着ないで。

她切菜时把手切了。
Tā qiē cài shí bǎ shǒu qiē le.
彼女は野菜を切るときに手を切りました。

那个淘气的孩子用针刺破了气球。
Nàge táoqì de háizi yòng zhēn cìpòle qìqiú.
そのいたずらっ子は針で風船を割りました。

那个有名的作家给我签了一个名。
Nàge yǒumíng de zuòjiā gěi wǒ qiānle yí ge míng.
あの有名作家が私にサインをしてくれました。

师傅，请开快点儿，我要赶飞机。
Shīfu, qǐng kāi kuài diǎnr, wǒ yào gǎn fēijī.
運転手さん、ちょっと急いで、飛行機に間に合いたいので。

中国也出现了一种叫“追星族”的人群。
Zhōngguó yě chūxiànle yì zhǒng jiào “zhuīxīngzú” de rénqún.
中国にも「追っかけ」と呼ばれる人たちが出てきました。

小偷逃到外地去了。
Xiǎotōu táodào wàidì qù le.
泥棒はよその土地へ逃げていきました。

继续
▼

動詞2

Check 1

005

□ 073
摔
shuāi
動 **倒れる、転ぶ**

□ 074
抬
tái
動 **上げる、持ち上げる**

□ 075
伸
shēn
動 **伸ばす、広げる**

□ 076
弯
wān
動 **曲げる、曲がる**
名 弯儿 wānr　曲がり角
形 曲がっている

□ 077 ✎藏
藏
cáng
! 動 **隠す、しまう**
藏 zàng（倉庫）

□ 078
撞
zhuàng
動 **ぶつける、ぶつかる**

□ 079 ✎抱
抱
bào
動 **抱く、抱える**

□ 080
背
bēi
! 動 **背負う、おんぶする**
背 bèi（背中、暗唱する）

4日目 004
Quick Review
答えは次頁

□ 抓	□ 摸	□ 扔	□ 提
□ 抓紧	□ 扭	□ 摆	□ 堆
□ 托	□ 拍	□ 排	□ 插
□ 按	□ 摇	□ 排队	□ 填

Check 2

061

昨天奶奶不小心摔了一跤。
Zuótiān nǎinai bù xiǎoxīn shuāile yì jiāo.
昨日祖母は不注意から転びました。

请抬起头来。
Qǐng táiqǐ tóu lai.
頭を上げてください。

他伸手从书架上拿下一本书来。
Tā shēnshǒu cóng shūjià shang náxià yì běn shū lai.
彼は手を伸ばして本棚から1冊の本を取り出しました。

他弯下腰把钱捡了起来。 Tā wānxià yāo bǎ qián jiǎnle qǐlai. 彼は腰を曲げてお金を拾いあげました。 **拐个弯儿就是邮局。** Guǎi ge wānr jiùshì yóujú. 角を曲がると郵便局です。 **天上挂着弯弯的月亮。** Tiān shang guàzhe wānwān de yuèliang. 空に弓なりの月がかかっています。

他把钱包藏到哪里去了?
Tā bǎ qiánbāo cángdào nǎli qù le?
彼は財布をどこに隠したのだろうか。

昨天他被汽车撞了一下。
Zuótiān tā bèi qìchē zhuàngle yíxià.
昨日彼は自動車にはねられました。

她一边抱着孩子一边打电话。
Tā yìbiān bàozhe háizi yìbiān dǎ diànhuà.
彼女は子供を抱きながら、電話をかけています。

他背上背了一个又大又重的包。
Tā bèi shang bēile yí ge yòu dà yòu zhòng de bāo.
彼は背中に大きくて重いかばんを背負いました。

□ つかむ	□ 触る	□ 捨てる	□ 持つ
□ しっかりつかむ	□ ひねる	□ 並べる	□ 積む
□ 頼む	□ たたく	□ 並べる	□ 挿す
□ 押す	□ 振る	□ 整列する	□ 埋める

6日目 動詞3

Check 1 　006

□081 ✎頭 **点头** diǎn▼tóu	動 **うなずく**
□082 **瞧** qiáo	動 **見る** 📖 もともとは北京で口語として使われていた
□083 ✎観 **观察** guānchá	動 **観察する**
□084 **考察** kǎochá	動 **視察する、考察する**
□085 ✎挙辦 **举办** jǔbàn	動 **（イベントを）開催する**
□086 ✎聞 **闻** wén	! 動 **においをかぐ、聞く** 📖 “百闻不如一见” bǎi wén bùrú yí jiàn（百聞は一見にしかず） 📖 “听 tīng”（聞く）
□087 **吸** xī	動 **吸う、吸い込む、吸収する**
□088 **咬** yǎo	動 **かむ、かじる、かぶる**

继续
▼

"闻"(においをかぐ)、"见"(会う)、"走"(歩く)など日本語との意味のずれがある漢字には気をつけましょう。

Check 2

062

他朝我点了点头。
Tā cháo wǒ diǎnle diǎntóu.
彼は私に向かってうなずきました。

让我瞧瞧你的新手机。
Ràng wǒ qiáoqiao nǐ de xīn shǒujī.
私にあなたの新しい携帯電話をちょっと見せてください。

老李每天仔细观察天气的变化。
Lǎo-Lǐ měi tiān zǐxì guānchá tiānqì de biànhuà.
李さんは毎日注意深く天候の変化を観察しています。

他们来这里考察市场。
Tāmen lái zhèli kǎochá shìchǎng.
彼らはここに市場視察に来ます。

学校为学生们举办了一个讲座。
Xuéxiào wèi xuéshengmen jǔbànle yí ge jiǎngzuò.
学校は学生たちのために講座を開催しました。

你闻一闻这是什么味儿?
Nǐ wén yi wén zhè shì shénme wèir?
これは何のにおいかかいでごらん。

由于香烟涨价，吸烟的人越来越少了。
Yóuyú xiāngyān zhǎngjià, xī yān de rén yuè lái yuè shǎo le.
タバコの値上がりで、喫煙者がますます減少しました。

他被狗咬了。
Tā bèi gǒu yǎo le.
彼は犬にかまれました。

继续
▼

動詞3

Check 1

006

□ 089 **吐** tǔ	動（口の中のものを）吐き出す
□ 090 **吐** tù	動（意図せずに）吐き出す、嘔吐する
□ 091 **吹** chuī	動 吹く、息を吹き付ける
□ 092 **留** liú	動 とどまる、とどめる、残しておく
□ 093 **打扮** dǎban	動 装う、着飾る、化粧する 同 装扮 zhuāngbàn
□ 094 **整理** zhěnglǐ	動 整理する 同 收拾 shōushi 例 **"整理"**は資料や部屋などを秩序だてて整理する、**"收拾"**は散らかったものを整理する
□ 095 **修** xiū	動 修理する、整える、建築する 例 修路 xiūlù（道を補修する、作る） 修水库 xiū shuǐkù（ダムを建設する）
□ 096 **修理** xiūlǐ	動 修理する、直す

5日目 005
Quick Review
答えは次頁

□ 折	□ 签名	□ 摔	□ 藏
□ 翻	□ 赶	□ 抬	□ 撞
□ 切	□ 追	□ 伸	□ 抱
□ 刺	□ 逃	□ 弯	□ 背

Check 2

062

请不要随地吐痰。
Qǐng búyào suídì tǔ tán.
所かまわず痰を吐かないでください。

他喝醉了，吐了一地。
Tā hēzuìle, tùle yí dì.
彼は酔って、地面に吐きました。

她吹了一口气，吹掉了桌子上的灰尘。
Tā chuīle yì kǒu qì, chuīdiàole zhuōzi shang de huīchén.
彼女はふっと息を吹きかけ、机の上のほこりを吹き飛ばしました。

妈妈给小明留了一张纸条。
Māma gěi Xiǎomíng liúle yì zhāng zhǐtiáo.
お母さんは小明にメモを残しました。

她今天打扮得很漂亮。
Tā jīntiān dǎbande hěn piàoliang.
彼女は今日きれいに着飾っています。

我打算明天整理一下这个星期的课堂笔记。
Wǒ dǎsuan míngtiān zhěnglǐ yíxià zhège xīngqī de kètáng bǐjì.
私は明日今週の講義ノートを整理するつもりです。

我的自行车坏了，你能帮我修一修吗？
Wǒ de zìxíngchē huài le, nǐ néng bāng wǒ xiū yi xiū ma?
私の自転車が壊れたので、修理を手伝ってくれませんか。

我弟弟会修理摩托车。
Wǒ dìdi huì xiūlǐ mótuōchē.
私の弟はオートバイを修理できます。

☐ 折る
☐ めくる
☐ (刃物で)切る
☐ 突き刺す
☐ サインする
☐ 間に合わせる
☐ 追う
☐ 逃げる
☐ 倒れる
☐ 上げる
☐ 伸ばす
☐ 曲げる
☐ 隠す
☐ ぶつける
☐ 抱く
☐ 背負う

7日目 形容詞1

Check 1 007

□ 097
暗
àn
形 **暗い、（色が）地味だ**
⇔ 明 míng（明るい）

□ 098 ✎黒
黑暗
hēi'àn
形 **暗い、（社会が）暗黒である**
⇔ 明亮 míngliàng（明るい）

□ 099 ✎亮
明亮
míngliàng
形 **明るい、キラキラ光る**
⇔ 黑暗 hēi'àn（明るい）
光が十分で明るい

□ 100
光明
guāngmíng
形 **明るい、希望のある**
名 光明
空間が明るいほか、未来や希望があり明るい

□ 101
粗
cū
! 形 **太い、幅が広い、粗い、（声が）太くて低い、粗末である**
⇔ 细 xì（細い）

□ 102
厚
hòu
形 **厚い、（感情が）深い、（味が）濃厚である、財が豊かである**
名 厚さ、厚み
⇔ 薄 báo（薄い）

□ 103 ✎薄
薄
báo
形 **薄い、（人情が）薄い、（味が）淡泊である、（財産が）少ない**
⇔ 厚 hòu（厚い）
薄 bó（わずかな）

□ 104
歪
wāi
形 **ゆがんでいる、曲がっている**
⇔ 正 zhèng（正しい）

继续
▼

(97) "朝北"のときの"朝"は「～に向かって」という意味になることに注意しましょう。

Check 2

063

这个房间朝北，有点儿暗。
Zhège fángjiān cháo běi, yǒudiǎnr àn.
この部屋は北向きなので、少し暗いです。

那个时代政治黑暗，人民生活很苦。
Nàge shídài zhèngzhì hēi'àn, rénmín shēnghuó hěn kǔ.
あの時代、政治は暗く、人々の生活は苦しいものでした。

她有一双明亮的眼睛。
Tā yǒu yì shuāng míngliàng de yǎnjing.
彼女はキラキラ明るい目をしています。

我们的生活越来越美好，前途越来越光明。
Wǒmen de shēnghuó yuè lái yuè měihǎo, qiántú yuè lái yuè guāngmíng.
我々の生活はますますよくなり、前途はますます明るくなります。

这根绳子太粗了，换一根细的。
Zhè gēn shéngzi tài cū le, huàn yì gēn xì de.
このロープは太すぎるので、細いのに替えましょう。

这本书太厚了，一个星期也读不完啊。
Zhè běn shū tài hòu le, yí ge xīngqī yě dúbuwán a.
この本は分厚すぎて、1週間でも読み終わりません。

他老是穿着一件薄毛衣。
Tā lǎoshi chuānzhe yí jiàn báo máoyī.
彼はいつも薄いセーターを着ています。

这幅画歪了，重新挂一下吧。
Zhè fú huà wāi le, chóngxīn guà yíxià ba.
この絵は曲がっているので、もう1度掛けなおしてください。

继续
▼

形容詞1

Check 1 007

□ 105
密
mì
! 形 **密である、隙間が小さい、間隔が狭い**
⇔ 稀 xī（まばらである）

□ 106 ✎緊
紧
jǐn
! 形 **きつい、ゆとりがない、しっかり固定してある、（日程・仕事・活動などが）切迫している**
動 きつく締める ⇔ 松 sōng（ゆるい）

□ 107 ✎満
满
mǎn
形 **いっぱいである、満ちている**
動 満たす、一定の期限に達する
副 すっかり、全く

□ 108 ✎広
广大
guǎngdà
! 形 **（範囲や規模が）大きい、（人数が）多い**

□ 109 ✎広汎
广泛
guǎngfàn
形 **多方面にわたっている、広範だ**

□ 110 ✎斉
齐
qí
形 **そろっている**

□ 111 ✎斉
整齐
zhěngqí
形 **（長さ、大きさなどが）そろっている、（あるべき物やいるべき人が欠けずに）そろっている**
動 きちんとする 齐 jì（調味料）

□ 112
完整
wánzhěng
形 **全て整っている、完全にそろっている**

6日目 006
Quick Review
答えは次頁

□ 点头	□ 举办	□ 吐	□ 打扮
□ 瞧	□ 闻	□ 吐	□ 整理
□ 观察	□ 吸	□ 吹	□ 修
□ 考察	□ 咬	□ 留	□ 修理

Check 2

063

你写得太密，我看不清楚。
Nǐ xiěde tài mì, wǒ kànbuqīngchu.
あなたがあまりに隙間なく書いているので、私にははっきり読めません。

这条裤子有点儿紧。 Zhè tiáo kùzi yǒudiǎnr jǐn.
このズボンはちょっときついです。

把绳子紧一紧。 Bǎ shéngzi jǐn yi jǐn.
ひもをきつく締めてみて。

这片荒地长满了草。
Zhè piàn huāngdì zhǎngmǎnle cǎo.
この荒れ地には草がびっしり生えました。

我们应该想办法赢得广大消费者的信任。
Wǒmen yīnggāi xiǎng bànfǎ yíngdé guǎngdà xiāofèizhě de xìnrèn.
我々は多くの消費者の信頼を勝ち取る方法を考えなければいけません。

我们应该广泛征求群众的意见。
Wǒmen yīnggāi guǎngfàn zhēngqiú qúnzhòng de yìjian.
我々は広く大衆の意見を募らなければいけません。

人都来齐了，我们走吧。
Rén dōu láiqí le, wǒmen zǒu ba.
みんなそろったので、行きましょう。

她的房间又干净又整齐。
Tā de fángjiān yòu gānjìng yòu zhěngqí.
彼女の部屋は清潔で整っています。

这套资料不太完整。
Zhè tào zīliào bú tài wánzhěng.
この資料はあまり完全ではありません。

- □ うなずく
- □ 見る
- □ 観察する
- □ 視察する
- □ (イベントを)開催する
- □ においをかぐ
- □ 吸う
- □ かむ
- □ (口のものを)吐き出す
- □ (意図せずに)吐き出す
- □ 吹く
- □ とどまる
- □ 装う
- □ 整理する
- □ 修理する
- □ 修理する

まとめて覚えよう ― 家族

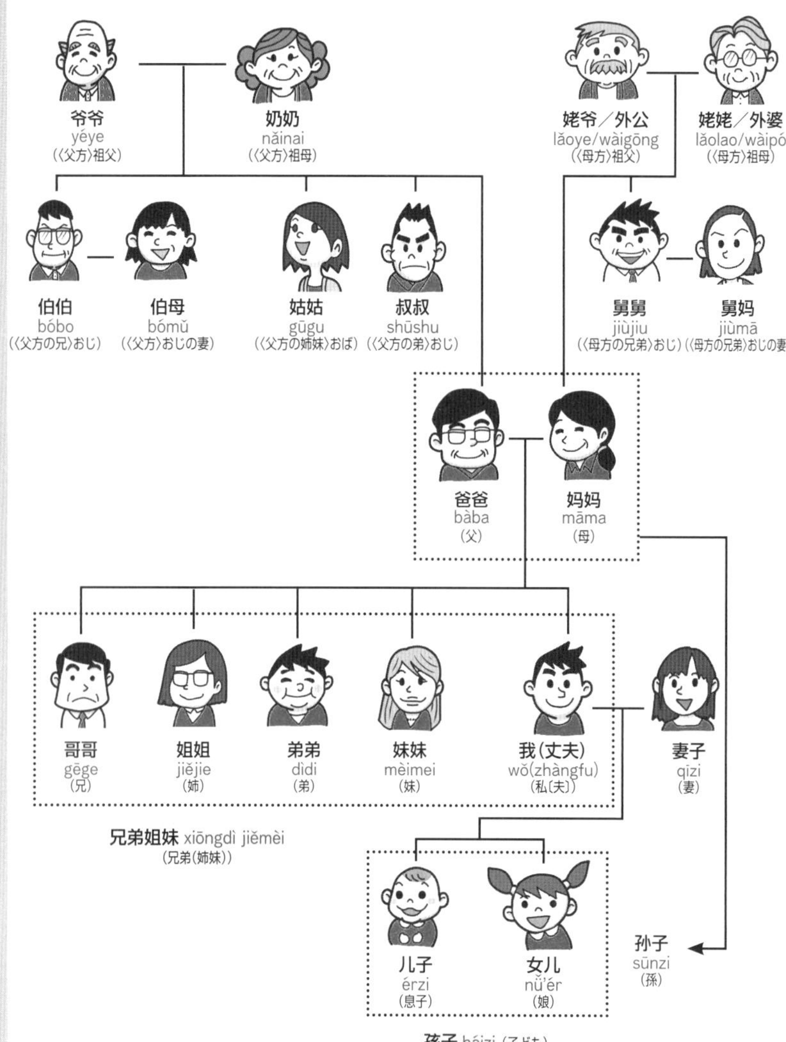
爷爷
yéye
(〈父方〉祖父)
奶奶
nǎinai
(〈父方〉祖母)
姥爷／外公
lǎoye/wàigōng
(〈母方〉祖父)
姥姥／外婆
lǎolao/wàipó
(〈母方〉祖母)
伯伯
bóbo
(〈父方の兄〉おじ)
伯母
bómǔ
(〈父方〉おじの妻)
姑姑
gūgu
(〈父方の姉妹〉おば)
叔叔
shūshu
(〈父方の弟〉おじ)
舅舅
jiùjiu
(〈母方の兄弟〉おじ)
舅妈
jiùmā
(〈母方の兄弟〉おじの妻)
爸爸
bàba
(父)
妈妈
māma
(母)
哥哥
gēge
(兄)
姐姐
jiějie
(姉)
弟弟
dìdi
(弟)
妹妹
mèimei
(妹)
我(丈夫)
wǒ(zhàngfu)
(私〔夫〕)
妻子
qīzi
(妻)
兄弟姐妹 xiōngdì jiěmèi
(兄弟〔姉妹〕)
儿子
érzi
(息子)
女儿
nǚ'ér
(娘)
孙子
sūnzi
(孫)
孩子 háizi (子ども)

キクタン中国語

2週目

✓学習したらチェック！

中国語で言ってみよう！

父は休日になると釣りに行きます。

（答えは157）

8日目 名詞4

Check 1 008

□ 113
土
tǔ
! 名 **土、土地、ほこり**
形 やぼったい
量 把 bǎ、层 céng

□ 114
地
dì
名 **土地、大地、場所、地点**
量 块 kuài、片 piàn
助 地 de（連用修飾語を作る）

□ 115
土地
tǔdì
名 **土地、領土**

□ 116
地下
dìxià
名 **地下**
地下 dìxia（地面）

□ 117 陸
大陆
dàlù
名 **大陸**

□ 118
江
jiāng
名 **大きな川**
量 条 tiáo
特に"长江 Chángjiāng"（長江）を指すこともある

□ 119
湖
hú
名 **湖**

□ 120 農
农村
nóngcūn
名 **農村**

继续 ▼

中国で一番長い"长江 Chángjiāng"は6300km、次は"黄河 Huánghé"の5464kmです。

Check 2

064

这里的土很硬。 Zhèli de tǔ hěn yìng. ここの土は硬いです。
刮了一天大风，屋里到处都是土。 Guāle yì tiān dàfēng, wūli dàochù dōu shì tǔ. 一日中強風だったので、部屋中がほこりっぽいです。
这个人真土。 Zhège rén zhēn tǔ. この人は本当にやぼったいです。

他把这块地买下来了。
Tā bǎ zhè kuài dì mǎixialai le.
彼はこの土地を買いました。

土地对农民非常重要。
Tǔdì duì nóngmín fēicháng zhòngyào.
土地は農民にとって非常に重要なものです。

火车站附近新建了一个地下商场。
Huǒchēzhàn fùjìn xīn jiànle yí ge dìxià shāngchǎng.
駅の付近に新たに地下ショッピングモールが建設されました。

我在中国大陆生活了二十年。
Wǒ zài Zhōngguó dàlù shēnghuóle èrshí nián.
私は中国大陸で 20 年間生活しました。

两个城市之间隔了一条江。
Liǎng ge chéngshì zhījiān géle yì tiáo jiāng.
2 つの都市の間を 1 本の川が隔てています。

这个湖的面积很大。
Zhège hú de miànjī hěn dà.
この湖の面積は大きいです。

中国农村的人口比城市的多。
Zhōngguó nóngcūn de rénkǒu bǐ chéngshì de duō.
中国は農村の人口が都市部より多いです。

继续
▼

名詞4

Check 1

🎧 008

☐ 121
森林
sēnlín
名 森林、森
量 片 piàn

☐ 122 ✎樹
树林
shùlín
名 林
量 个 ge、片 piàn

☐ 123 ✎植
植物
zhíwù
名 植物

☐ 124 ✎葉
叶子
yèzi
名 葉っぱ、葉
量 片 piàn、张 zhāng

☐ 125 ✎氷
冰
bīng
名 氷
動 冷やす
量 块 kuài

☐ 126
火
huǒ
名 火
量 团 tuán
関 点火 diǎn▾huǒ（火をつける）
灭火 miè▾huǒ（火を消す）

☐ 127 ✎煙
烟
yān
名 煙、かすみ、もや、タバコ
量 股 gǔ、支 zhī、根 gēn、盒 hé、包 bāo
関 抽 chōu/ 吸烟 xī yān（タバコを吸う）
戒烟 jiè▾yān（禁煙する）

☐ 128 ✎頭
石头
shítou
名 石、岩
量 块 kuài
関 "石头、剪子、布 shítou、jiǎnzi、bù" でじゃんけんの「グー、チョキ、パー」

7日目 🎧 007
Quick Review
答えは次頁

☐ 暗	☐ 粗	☐ 密	☐ 广泛
☐ 黑暗	☐ 厚	☐ 紧	☐ 齐
☐ 明亮	☐ 薄	☐ 满	☐ 整齐
☐ 光明	☐ 歪	☐ 广大	☐ 完整

Check 2

064

森林是我们人类最重要的自然资源之一。
Sēnlín shì wǒmen rénlèi zuì zhòngyào de zìrán zīyuán zhīyī.
森林は我々人類の最も重要な自然資源の1つです。

我家就在那一片树林旁边。
Wǒ jiā jiù zài nà yí piàn shùlín pángbiān.
私の家はあの林のそばにあります。

这是一种很珍贵的植物。
Zhè shì yì zhǒng hěn zhēnguì de zhíwù.
これはとても珍しい植物です。

春风吹绿了树上的叶子。
Chūnfēng chuīlǜle shù shang de yèzi.
春風が吹き、木の葉が緑になりました。

请在我的杯子里加一点儿冰。Qǐng zài wǒ de bēizi li jiā yìdiǎnr bīng.
私のコップに少し氷を入れてください。
请把这瓶啤酒冰一下。Qǐng bǎ zhè píng píjiǔ bīng yíxià.
このビールをちょっと冷やしてください。

你就不要再火上加油了！
Nǐ jiù búyào zài huǒ shang jiāyóu le!
さらに火に油を注ぐようなことはしないでください！

厨房里冒烟了，是不是着火了？
Chúfáng li mào yān le, shì bu shì zháohuǒ le?
台所で煙が上がっているけれど、火事じゃないの。

这条项链是石头做的。
Zhè tiáo xiàngliàn shì shítou zuò de.
このネックレスは石で作られています。

- □ 暗い
- □ 暗い
- □ 明るい
- □ 明るい
- □ 太い
- □ 厚い
- □ 薄い
- □ ゆがんでいる
- □ 密である
- □ きつい
- □ いっぱいである
- □ (範囲や規模が)大きい
- □ 多方面にわたっている
- □ そろっている
- □ (長さ、大きさなどが)そろっている
- □ 全て整っている

名詞5

Check 1

🎧 009

☐ 129 ✎積
面积
miànjī
名 面積

☐ 130 ✎積
体积
tǐjī
名 体積

☐ 131
重量
zhòngliàng
名 重さ

☐ 132
速度
sùdù
名 速度、速さ、スピード

☐ 133 ✎強
强度
qiángdù
名 強さ、強度

☐ 134
地点
dìdiǎn
名 地点、場所

☐ 135 ✎置
位置
wèizhi
名 位置、地位

☐ 136
中央
zhōngyāng
名 中央
📖 国や政治団体の最高指導機関を指す
⇔ 地方 dìfāng（地方）

继续
▼

“平方米 píngfāngmǐ”(m^2)、“平方公里 píngfāng gōnglǐ”(km^2)などの度量衡も大事です。

Check 2　065

我们家的住房面积不太大。
Wǒmen jiā de zhùfáng miànjī bú tài dà.
我が家の住宅面積はあまり大きくありません。

他们公司开发的新电脑体积非常小。
Tāmen gōngsī kāifā de xīn diànnǎo tǐjī fēicháng xiǎo.
彼らの会社が開発した新型パソコンは体積が非常に小さいです。

这个笔记本电脑的重量是 1 公斤。
Zhège bǐjìběn diànnǎo de zhòngliàng shì yì gōngjīn.
このノートパソコンの重さは 1 キロです。

你们的工作得加快速度了。
Nǐmen de gōngzuò děi jiākuài sùdù le.
君たちの仕事はスピードを上げなければいけません。

这座楼的抗震强度不够标准。
Zhè zuò lóu de kàngzhèn qiángdù búgòu biāozhǔn.
この建物の耐震強度は基準に達していません。

收发短信不受时间、地点的限制。
Shōufā duǎnxìn bú shòu shíjiān、dìdiǎn de xiànzhì.
ショートメッセージは送受信の時間や場所の制限を受けません。

请坐在指定的位置上。
Qǐng zuòzài zhǐdìng de wèizhi shang.
指定の位置に座ってください。

湖的中央有一个亭子。
Hú de zhōngyāng yǒu yí ge tíngzi.
湖の真ん中には、あずまやがあります。

继续
▼

名詞5

Check 1

009

□ 137
眼前
yǎnqián
名 **目の前、眼前、目先、当面**

□ 138 ✎後
背后
bèihòu
名 **背後、後ろ**

□ 139
内部
nèibù
名 **内部**

□ 140
表面
biǎomiàn
名 **表面、うわべ**

□ 141 ✎空間
空间
kōngjiān
名 **空間**

□ 142 ✎離
距离
jùlí
名 **距離**
動 離れる

□ 143 ✎範囲
范围
fànwéi
名 **範囲**

□ 144 ✎気
气候
qìhòu
名 **気候**

8日目 008
Quick Review
答えは次頁

□ 土	□ 大陆	□ 森林	□ 冰
□ 地	□ 江	□ 树林	□ 火
□ 土地	□ 湖	□ 植物	□ 烟
□ 地下	□ 农村	□ 叶子	□ 石头

Check 2

065

不要只看眼前的利益。
Búyào zhǐ kàn yǎnqián de lìyì.
目先の利益だけを見てはいけません。

他背后站着两个小孩儿。
Tā bèihòu zhànzhe liǎng ge xiǎoháir.
彼の後ろに 2 人の子供が立っています。

这是内部消息，不能外传。
Zhè shì nèibù xiāoxi, bù néng wàichuán.
これは内部情報なので、外部に伝えることはできません。

他们俩表面上关系很好。
Tāmen liǎ biǎomiàn shang guānxi hěn hǎo.
彼ら 2 人はうわべは仲がよいです。

我想有一个自己的空间。
Wǒ xiǎng yǒu yí ge zìjǐ de kōngjiān.
自分の空間を持ちたいです。

我们之间的距离越来越远了。Wǒmen zhījiān de jùlí yuè lái yuè yuǎn le.　私たちの間の距離はますます遠くなりました。
现在距离考试只有一个星期了。Xiànzài jùlí kǎoshì zhǐ yǒu yí ge xīngqī le.　現時点で試験までたった 1 週間しかありません。

这件事不在我们的讨论范围。
Zhè jiàn shì bú zài wǒmen de tǎolùn fànwéi.
この件は私たちの討論の範囲ではありません。

北京春天的气候怎么样?
Běijīng chūntiān de qìhòu zěnmeyàng?
北京は春の気候はどうですか。

□ 土	□ 大陸	□ 森林	□ 氷
□ 土地	□ 大きな川	□ 林	□ 火
□ 土地	□ 湖	□ 植物	□ 煙
□ 地下	□ 農村	□ 葉っぱ	□ 石

名詞6

Check 1 　010

□ 145 ✎時
时刻
shíkè
名 **時刻、時間**

□ 146
事先
shìxiān
名 **事前、物事の起こる前**
事前 shìqián

□ 147 ✎時
当时
dāngshí
名 **当時、あのとき**
副 当时 dàngshí（すぐに）

□ 148
最初
zuìchū
名 **最初、初め**

□ 149 ✎暫時
暂时
zànshí
名 **しばらくの間**

□ 150
前途
qiántú
名 **前途**

□ 151
年代
niándài
名 **年代、時代**

□ 152
古代
gǔdài
名 **古代**
中国史では、19 世紀半ばまでを“**古代** gǔdài”とする

继续
▼

日本は西暦と元号を併用していますが、中国では1949年から元号をやめ、西暦を使用しています。

Check 2 066

他总是在关键时刻发挥作用。
Tā zǒngshì zài guānjiàn shíkè fāhuī zuòyòng.
彼はいつも肝心なときに役割を果たします。

那家饭店得事先预订。
Nà jiā fàndiàn děi shìxiān yùdìng.
あのレストランは、事前に予約しなければいけません。

当时我还不太了解日本的生活习惯。
Dāngshí wǒ hái bú tài liǎojiě Rìběn de shēnghuó xíguàn.
当時私はまだ日本の生活習慣をよく知りませんでした。

我和他最初是在中国认识的。
Wǒ hé tā zuìchū shì zài Zhōngguó rènshi de.
私と彼は最初中国で知り合ったのです。

我暂时没有去外国留学的打算。
Wǒ zànshí méiyou qù wàiguó liúxué de dǎsuan.
しばらく外国留学に行く予定はありません。

他是一个有前途的青年。
Tā shì yí ge yǒu qiántú de qīngnián.
彼は前途ある青年です。

这是上个世纪九十年代流行的歌曲。
Zhè shì shàng ge shìjì jiǔshí niándài liúxíng de gēqǔ.
これは 1990 年代に流行した曲です。

他很喜欢穿中国古代的服装照相。
Tā hěn xǐhuan chuān Zhōngguó gǔdài de fúzhuāng zhàoxiàng.
彼は中国の古代の服を着て写真を撮るのがとても好きです。

继续
▼

名詞6

Check 1

010

□ 153
公元
gōngyuán

名 **西暦**
同 西历 xīlì
反 农历 nónglì（旧暦）

□ 154 ✎週
周
zhōu

名 **週、周囲、周り**
量 周、週間
同 星期 xīngqī

□ 155
日期
rìqī

名 **期日**

□ 156
假期
jiàqī

名 **休暇**

□ 157
假日
jiàrì

名 **休日**
例 度假日 dù jiàrì、过假日 guò jiàrì（休日を過ごす）

□ 158 ✎天
整天
zhěngtiān

名 **一日中、まる一日**

□ 159
工夫
gōngfu

! 名 **（費やされる）時間、（空いた）時間、暇**

□ 160 ✎費
费用
fèiyong

名 **費用、経費**
量 笔 bǐ、项 xiàng

9日目 009
Quick Review
答えは次頁

□ 面积	□ 强度	□ 眼前	□ 空间
□ 体积	□ 地点	□ 背后	□ 距离
□ 重量	□ 位置	□ 内部	□ 范围
□ 速度	□ 中央	□ 表面	□ 气候

Check 2　066

到公元2050年，中国的人口会超过十五亿。
Dào gōngyuán èr líng wǔ líng nián, Zhōngguó de rénkǒu huì chāoguò shíwǔ yì.　西暦2050年までに、中国の人口はおそらく15億を超えるでしょう。

你下周不用出差了。
Nǐ xiàzhōu búyòng chūchāi le.
あなたは来週、出張しなくてよくなりました。

去北京出差的日期还没定。
Qù Běijīng chūchāi de rìqī hái méi dìng.
北京に出張する日はまだ決まっていません。

你这个假期打算去哪里旅行？
Nǐ zhège jiàqī dǎsuan qù nǎli lǚxíng?
この休みにどこへ旅行に行くつもりですか。

爸爸一到假日就去钓鱼。
Bàba yí dào jiàrì jiù qù diàoyú.
父は休日になると釣りに行きます。

你整天在家干什么呢？
Nǐ zhěngtiān zài jiā gàn shénme ne?
一日中家で何をやってるの。

今天我没工夫，改日再说吧。
Jīntiān wǒ méi gōngfu, gǎirì zài shuō ba.
今日は時間がないので、日を改めてまた話しましょう。

中国大学生的生活费用主要是家里负担。
Zhōngguó dàxuéshēng de shēnghuó fèiyong zhǔyào shì jiā li fùdān.
中国の大学生の生活費は主に家庭が負担しています。

- □ 面積
- □ 体積
- □ 重さ
- □ 速度
- □ 強さ
- □ 地点
- □ 位置
- □ 中央
- □ 目の前
- □ 背後
- □ 内部
- □ 表面
- □ 空間
- □ 距離
- □ 範囲
- □ 気候

11日目 動詞4

Check 1　011

□ 161 ✎燙
烫
tàng

[動] **やけどする、熱くする、アイロンやパーマをかける**
[形]（過度に）熱い　“**烫衣服**” tàng yīfu（服にアイロンをかける）、**烫发** tàng▾fà（パーマをかける）

□ 162 ✎焼
烧
shāo

[動] **燃やす、煮炊きする**
[名] 熱

□ 163
生
shēng

[動] **生む**
[形] 熟していない、生である、よく知らない

□ 164
出生
chūshēng

[動] **生まれる、生まれ出る**

□ 165
活
huó

[動] **生きる**
[名] **活ル huór**（主に肉体労働の）仕事
[形] 生き生きしている

□ 166
去世
qùshì

[動] **亡くなる、死ぬ**
死 sǐ、**逝世** shìshì

□ 167
呼吸
hūxī

[動] **呼吸する**

□ 168 ✎長
生长
shēngzhǎng

[動] **育つ、成長する**

继续 ▼

“一路走好”は「安らかにお眠りください」「ご冥福をお祈りします」というお悔やみの言葉です。

Check 2

067

她做饭的时候不小心把手烫了。
Tā zuò fàn de shíhou bù xiǎoxīn bǎ shǒu tàng le.
彼女は料理中にうっかり手をやけどしてしまいました。

这碗汤太烫了。 Zhè wǎn tāng tài tàng le.　このスープは熱すぎます。

她一回家就忙着烧菜做饭。 Tā yì huí jiā jiù mángzhe shāo cài zuò fàn.
彼女は家に帰るとすぐ、急いで食事の支度をします。

我有点儿发烧。 Wǒ yǒudiǎnr fāshāo.
私はちょっと熱っぽいです。

她生了两个孩子。 Tā shēngle liǎng ge háizi.
彼女は 2 人の子供を生みました。

今天的米饭有一点儿生。 Jīntiān de mǐfàn yǒu yìdiǎnr shēng.
今日のご飯はちょっと生炊きです。

我是春天出生的。
Wǒ shì chūntiān chūshēng de.
私は春に生まれました。

已经三十年没有他的消息了，他还活着吗？ Yǐjīng sānshí nián méiyǒu tā de xiāoxi le, tā hái huózhe ma?　もう 30 年も彼の音沙汰はないが、まだ生きているのだろうか。

他干什么活儿呢？ Tā gàn shénme huór ne?
彼はどんな仕事をしているのですか。

我的奶奶去世了。
Wǒ de nǎinai qùshì le.
私の祖母が亡くなりました。

你别老呆在家里，出去呼吸一下新鲜空气吧。
Nǐ bié lǎo dāizài jiā li, chūqu hūxī yíxià xīnxian kōngqì ba.
いつも家の中にこもっていないで、外に出て新鮮な空気を吸いなさい。

这种植物生长在中国南方。
Zhè zhǒng zhíwù shēngzhǎngzài Zhōngguó nánfāng.
この植物は中国の南方に生育しています。

继续
▼

動詞4

Check 1

🎧 011

□ 169 ✎長
成长
chéngzhǎng
動 成長する、生長する

□ 170 ✎養
养
yǎng
動 養う、育てる、飼う

□ 171
醉
zuì
動 酔う

□ 172 ✎針
打针
dǎ▼zhēn
動 注射を打つ

□ 173
住院
zhù▼yuàn
動 入院する
⇔ 出院 chū▼yuàn（退院する）

□ 174 ✎出院
出院
chū▼yuàn
動 退院する
⇔ 住院 zhù▼yuàn（入院する）

□ 175
治
zhì
動 治療する、治める

□ 176 ✎恢復
恢复
huīfù
動 回復する

10日目🎧010
Quick Review
答えは次頁

□ 时刻	□ 暂时	□ 公元	□ 假日
□ 事先	□ 前途	□ 周	□ 整天
□ 当时	□ 年代	□ 日期	□ 工夫
□ 最初	□ 古代	□ 假期	□ 费用

哪些企业成长得快?
Nǎxiē qǐyè chéngzhǎngde kuài?
どの企業の成長が速いですか。

现在大城市里流行养宠物。
Xiànzài dà chéngshì li liúxíng yǎng chǒngwù.
現在、大都市ではペットを飼うのが流行っています。

老李又醉得不省人事了。
Lǎo-Lǐ yòu zuìde bù xǐng rénshì le.
李さんはまた酔って前後不覚になりました。

我害怕打针。
Wǒ hàipà dǎzhēn.
私は注射を打つのが怖いです。

听说他生病住院了。
Tīngshuō tā shēngbìng zhùyuàn le.
彼は病気で入院したそうです。

奶奶昨天终于出院了。
Nǎinai zuótiān zhōngyú chūyuàn le.
祖母は昨日ようやく退院しました。

他的病已经治好了。
Tā de bìng yǐjīng zhìhǎo le.
彼の病気はもうすっかり良くなりました。

他的身体恢复得很快。
Tā de shēntǐ huīfùde hěn kuài.
彼の体は回復が速いです。

□ 時刻	□ しばらくの間	□ 西暦	□ 休日
□ 事前	□ 前途	□ 週	□ 一日中
□ 当時	□ 年代	□ 期日	□ (費やされる)時間
□ 最初	□ 古代	□ 休暇	□ 費用

12日目 動詞5

Check 1

012

□ 177 ✎講話 **讲话** jiǎng▾huà	[動] **話をする、演説する** [名] 演説、話
□ 178 ✎称 **称** chēng	[動] **～と呼ぶ、（目方を）量る** 称 chèn（ぴったり合う）
□ 179 ✎称 **称呼** chēnghu	[動] **呼ぶ** [名] 呼び方
□ 180 **喊** hǎn	[動] **叫ぶ、大声をあげる、（人を）呼ぶ**
□ 181 **吵架** chǎo▾jià	[動] **口論する、言い争う** 打架 dǎ▾jià（けんかをする）
□ 182 ✎現 **表现** biǎoxiàn	[動] **表現する、表す、示す**
□ 183 ✎達 **表达** biǎodá	[動] **表現する、言い表す、伝える** 考えや感情を表現する
□ 184 **表明** biǎomíng	[動] **表明する、はっきりと表す**

継续
▼

道端で“吵架”をしていると周りに人だかりができ、勝ち負けをジャッジしてくれるのも中国ならではです。

Check 2

068

他在昨天的会议上讲了半个小时的话。Tā zài zuótiān de huìyì shang jiǎngle bàn ge xiǎoshí de huà. 彼は昨日の会議で30分話をしました。

学生们专心听了校长的讲话。Xuéshengmen zhuānxīn tīngle xiàozhǎng de jiǎnghuà. 生徒たちは校長先生の話を熱心に聞きました。

大熊猫被称为中国的国宝。Dàxióngmāo bèi chēngwéi Zhōngguó de guóbǎo. ジャイアントパンダは中国の国宝と呼ばれています。

请帮我称一下这个西瓜。Qǐng bāng wǒ chēng yíxià zhège xīgua. このスイカ（の重さを）を量ってもらえませんか。

请问，怎么称呼您？ Qǐngwèn, zěnme chēnghu nín? すみません、どうお呼びすれば良いですか。

汉语中亲属的称呼很复杂。Hànyǔ zhōng qīnshǔ de chēnghu hěn fùzá. 中国語の親族呼称は複雑です。

大晚上的，别喊了！ Dà wǎnshang de, bié hǎn le! 真夜中だから、大声をあげないで！

快喊人来帮忙！ Kuài hǎn rén lái bāngmáng! 早く誰かを呼んできて助けてもらって！

他们夫妻俩从来不吵架。
Tāmen fūqī liǎ cónglái bù chǎojià.
彼ら夫婦はこれまで口げんかをしたことがありません。

他在这场比赛中表现得很出色。
Tā zài zhè chǎng bǐsài zhōng biǎoxiànde hěn chūsè.
彼はこの試合で見事な活躍をしました。

这个意思用汉语很难表达。
Zhège yìsi yòng Hànyǔ hěn nán biǎodá.
この意味を中国語で表すのはとても難しいです。

这件事表明他并不爱我。
Zhè jiàn shì biǎomíng tā bìng bú ài wǒ.
このことは、彼が全く私を愛していないことを表しています。

继续
▼

動詞5

Check 1

🎧012

□ 185 ✎発
发表
fābiǎo
動 （公に意見を）発表する、表明する

□ 186 ✎報
报告
bàogào
動 報告する
名 報告、発表、講演

□ 187 ✎倣
模仿
mófǎng
動 まねる、模倣する

□ 188 ✎験
体验
tǐyàn
動 体験する、経験する

□ 189 ✎反
反映
fǎnyìng
動 反映する

□ 190 ✎反応
反应
fǎnyìng
動 反応する

□ 191 ✎解釈
解释
jiěshì
動 説明する、解釈する

□ 192 ✎張
主张
zhǔzhāng
動 主張する
名 主張

11日目🎧011
Quick Review
答えは次頁

□ 烫	□ 活	□ 成长	□ 住院
□ 烧	□ 去世	□ 养	□ 出院
□ 生	□ 呼吸	□ 醉	□ 治
□ 出生	□ 生长	□ 打针	□ 恢复

Check 2

068

人民代表在会议上发表了自己的意见。
Rénmín dàibiǎo zài huìyì shang fābiǎole zìjǐ de yìjian.
人民代表は会議で自分の意見を発表しました。

他向上级报告了事情的经过。 Tā xiàng shàngjí bàogàole shìqing de jīngguò. 彼は上司に事の経過を報告しました。
下午我们听王教授的报告。 Xiàwǔ wǒmen tīng Wáng jiàoshòu de bàogào. 午後私たちは王教授の講演を聞きます。

请注意模仿我的发音。
Qǐng zhùyì mófǎng wǒ de fāyīn.
私の発音をまねるよう注意してください。

他想到农村去体验生活。
Tā xiǎng dào nóngcūn qù tǐyàn shēnghuó.
彼は農村へ行ってその生活を体験したいと思っています。

这部电影反映了我们社会中存在的一些问题。
Zhè bù diànyǐng fǎnyìngle wǒmen shèhuì zhōng cúnzài de yìxiē wèntí.
この映画は私たちの社会に存在するいくつかの問題を反映しています。

他速度太快，我根本就反应不过来。
Tā sùdù tài kuài, wǒ gēnběn jiù fǎnyìngbuguòlai.
彼のスピードが速すぎて、私は全く反応できません。

你能给我们解释一下这个词的意思吗?
Nǐ néng gěi wǒmen jiěshì yíxià zhège cí de yìsi ma?
この語句の意味を私たちに説明してもらえますか。

她主张看情况再说。Tā zhǔzhāng kàn qíngkuàng zài shuō.
彼女は状況を見てからにしようと主張しました。
这两种主张我都不同意。Zhè liǎng zhǒng zhǔzhāng wǒ dōu bù tóngyì. このどちらの主張にも私は同意しません。

□ やけどする	□ 生きる	□ 成長する	□ 入院する
□ 燃やす	□ 亡くなる	□ 養う	□ 退院する
□ 生む	□ 呼吸する	□ 酔う	□ 治療する
□ 生まれる	□ 育つ	□ 注射を打つ	□ 回復する

13日目 動詞6

Check 1 013

□ 193 ✎転
转告
zhuǎngào
動 **伝言する**

□ 194 ✎伝
宣传
xuānchuán
動 **宣伝する**
名 宣伝

□ 195 ✎伝
传播
chuánbō
動 **広める、撒き散らす、宣伝する**

□ 196 ✎報
报道
bàodào
動 **報道する**
名 報道、ルポルタージュ
≒ 报导 bàodǎo

□ 197 ✎開
开会
kāi▼huì
動 **会議を開く**

□ 198 ✎議論
议论
yìlùn
動 **あれこれ取りざたする、議論する**
名 議論、意見

□ 199 ✎論
争论
zhēnglùn
動 **論争する**

□ 200 ✎問
提问
tíwèn
動 **質問する、問題を出す**

继续
▼

（194）付録にある"互联网"（インターネット）関連の単語もまとめて覚えてしまいましょう。

Check 2　069

请转告他我来过。
Qǐng zhuǎngào tā wǒ láiguò.
私が来たことを彼に伝えてください。

他们用互联网宣传新产品。 **Tāmen yòng hùliánwǎng xuānchuán xīn chǎnpǐn.**　彼らはインターネットで新製品を宣伝しています。
我们的新产品需要多做宣传。 **Wǒmen de xīn chǎnpǐn xūyào duō zuò xuānchuán.**　我々の新製品はたくさん宣伝をしなければいけません。

教师向学生传播知识。
Jiàoshī xiàng xuésheng chuánbō zhīshi.
教師は学生に知識を広めます。

各家报社都报道了这条消息。 **Gè jiā bàoshè dōu bàodàole zhè tiáo xiāoxi.**　各新聞社は皆このニュースを報道しました。
他写了一篇关于排球比赛的报道。 **Tā xiěle yì piān guānyú páiqiú bǐsài de bàodào.**　彼はバレーボールの試合に関するルポルタージュを 1 編書きました。

明天早上八点开会，别迟到。
Míngtiān zǎoshang bā diǎn kāihuì, bié chídào.
明日の朝 8 時から会議をするので、遅刻しないように。

她从来不在背后议论别人。 **Tā cónglái bú zài bèihòu yìlùn biéren.**
彼女はこれまで陰で人をあれこれ言ったことはありません。
大家有很多议论。 **Dàjiā yǒu hěn duō yìlùn.**
皆たくさんの意見があります。

为这件事他们争论了一个小时。
Wèi zhè jiàn shì tāmen zhēnglùnle yí ge xiǎoshí.
彼らはその問題について 1 時間論争しました。

我的说明到此为止，有不明白的地方请提问。
Wǒ de shuōmíng dào cǐ wéizhǐ, yǒu bù míngbai de dìfang qǐng tíwèn.
私の説明はここまでですが、不明点があれば質問してください。

继续
▼

動詞6

Check 1

013

□ 201
信
xìn

動 **信用する**
名 手紙

□ 202
信任
xìnrèn

動 **信頼する、信任する**

□ 203
支持
zhīchí

動 **支持する、後押しする**

□ 204 ✎認
承认
chéngrèn

動 **認める、承認する**
⇔ **否认** fǒurèn（否定する）

□ 205
肯定
kěndìng

! 動 **肯定する**
形 肯定的である、明確だ
副 必ず、間違いなく
⇔ **否定** fǒudìng（否定する）

□ 206
否定
fǒudìng

動 **否定する**
⇔ **肯定** kěndìng（肯定する）

□ 207 ✎揚
表扬
biǎoyáng

動 **ほめる、表彰する**
⇔ **批评** pīpíng（批判する）

□ 208 ✎解
理解
lǐjiě

動 **理解する**
≒ **了解** liǎojiě

12日目 012 Quick Review
答えは次頁

□ 讲话	□ 吵架	□ 发表	□ 反映
□ 称	□ 表现	□ 报告	□ 反应
□ 称呼	□ 表达	□ 模仿	□ 解释
□ 喊	□ 表明	□ 体验	□ 主张

千万别信他的话！ Qiānwàn bié xìn tā de huà!
絶対に彼の話を信じないで！
今天收到了三封信。 Jīntiān shōudàole sān fēng xìn.
今日は 3 通手紙を受け取りました。

公司领导对他非常信任。
Gōngsī lǐngdǎo duì tā fēicháng xìnrèn.
会社の上司は彼を非常に信頼しています。

父母支持我去中国留学。
Fùmǔ zhīchí wǒ qù Zhōngguó liúxué.
両親は私の中国留学を後押ししてくれています。

在事实面前，他终于承认了自己的错误。
Zài shìshí miànqián, tā zhōngyú chéngrènle zìjǐ de cuòwù.
事実を前にして、彼はついに自分の誤りを認めました。

老师肯定了他的成绩。 Lǎoshī kěndìngle tā de chéngjì. 先生は彼の成績を認めています。 **我的回答是肯定的。** Wǒ de huídá shì kěndìng de. 私の答えは明確です。 **这件事，他肯定会同意的。** Zhè jiàn shì, tā kěndìng huì tóngyì de. この件については、彼は必ず同意するはずです。

我们不能否定他过去的功绩。
Wǒmen bù néng fǒudìng tā guòqù de gōngjì.
私たちは彼の過去の功績を否定することはできません。

老师表扬了他认真学习的态度。
Lǎoshī biǎoyángle tā rènzhēn xuéxí de tàidu.
先生は彼のまじめな学習態度をほめました。

他很理解我现在的心情。
Tā hěn lǐjiě wǒ xiànzài de xīnqíng.
彼は私の今の気持ちをとても理解してくれます。

□ 話をする	□ 口論する	□ （公に意見を）発表する	□ 反映する
□ ～と呼ぶ	□ 表現する	□ 報告する	□ 反応する
□ 呼ぶ	□ 表現する	□ まねる	□ 説明する
□ 叫ぶ	□ 表明する	□ 体験する	□ 主張する

形容詞2

Check 1

014

□ 209 ✎穏

稳定

wěndìng

形 **安定している、落ち着いている**

動 安定させる、落ち着かせる

□ 210

乱

luàn

形 **乱れている**

副 みだりに、むやみに

動 乱す、混乱させる

□ 211 ✎悶熱

闷热

mēnrè

形 **蒸し暑い**

□ 212

温暖

wēnnuǎn

形 **暖かい、温かい**

動 温かくする

気候や雰囲気について言う

□ 213 ✎冷

寒冷

hánlěng

形 **寒い、(風が)冷たい**

"冷 lěng"よりもやや硬い表現

□ 214 ✎乾

干燥

gānzào

形 **乾燥している**

□ 215

湿

shī

形 **濡れている、湿っている**

⇔ 干 gān(乾燥している)

□ 216 ✎鮮

鲜

xiān

形 **新鮮な、新しい、生の、おいしい**

鲜 xiǎn(少ない)

继续 ▼

悶えるように暑いと書いて"闷热"、「蒸し暑い」を的確に表現していますね。

Check 2

070

爷爷的病情最近很稳定。
Yéye de bìngqíng zuìjìn hěn wěndìng.
祖父の病状は最近安定しています。

我的房间很乱，得收拾一下了。 Wǒ de fángjiān hěn luàn, děi shōushi yíxià le. 私の部屋は散らかっているので、少し片付けないといけません。
管好自己的嘴，别乱说话。 Guǎnhǎo zìjǐ de zuǐ, bié luàn shuōhuà.
口を慎んで、むやみにでたらめを言わないように。

南京的夏天比较闷热。
Nánjīng de xiàtiān bǐjiào mēnrè.
南京の夏はわりと蒸し暑いです。

我有一个温暖的家。 Wǒ yǒu yí ge wēnnuǎn de jiā.
私には温かい家があります。
大家的关怀温暖了她的心。 Dàjiā de guānhuái wēnnuǎnle tā de xīn.
皆の配慮が彼女の心を温かくしました。

这里的冬天经常下雪，非常寒冷。
Zhèli de dōngtiān jīngcháng xià xuě, fēicháng hánlěng.
ここの冬はよく雪が降り、大変寒いです。

北京冬天很干燥，要注意保护皮肤。
Běijīng dōngtiān hěn gānzào, yào zhùyì bǎohù pífū.
北京は冬乾燥しているので、肌を守るよう注意しなければいけません。

你快去把湿衣服换一换，别感冒了。
Nǐ kuài qù bǎ shī yīfu huàn yi huàn, bié gǎnmào le.
早く濡れた服を着替えに行って、風邪をひかないように。

汤的味道真鲜。
Tāng de wèidao zhēn xiān.
スープの味は本当においしいです。

继续
▼

形容詞2

Check 1

🎧014

□ 217
成熟
chéngshú
形 成熟した

□ 218
精彩
jīngcǎi
形 素晴らしい、生き生きしている
演技などについて褒めるときに使う

□ 219 ✎溌
活泼
huópo
形 活発である、元気である

□ 220 ✎厳粛
严肃
yánsù
形 厳粛である、真剣である、まじめである

□ 221 ✎専
专心
zhuānxīn
形 専念している、専心する

□ 222 ✎熱
热心
rèxīn
形 熱心である

□ 223 ✎親
亲切
qīnqiè
! 形 親しみを感じさせる、心がこもっている

□ 224
密切
mìqiè
形 親しい
動 密接にする

13日目🎧013
Quick Review
答えは次頁

□ 转告 □ 开会 □ 信 □ 肯定
□ 宣传 □ 议论 □ 信任 □ 否定
□ 传播 □ 争论 □ 支持 □ 表扬
□ 报道 □ 提问 □ 承认 □ 理解

Check 2

070

现在进行这项实验，条件还不成熟。
Xiànzài jìnxíng zhè xiàng shíyàn, tiáojiàn hái bù chéngshú.
今この実験を行うには、条件がまだそろっていません。

他们的节目十分精彩。
Tāmen de jiémù shífēn jīngcǎi.
彼らの演目はとても素晴らしいです。

她的两个孩子都很好，健康、活泼。
Tā de liǎng ge háizi dōu hěn hǎo, jiànkāng、huópo.
彼女の 2 人の子供はどちらも良い子で、健康で活発です。

老李很严肃，从没看他笑过。
Lǎo-Lǐ hěn yánsù, cóng méi kàn tā xiàoguo.
李さんはまじめで、彼が笑ったのを見たことがありません。

学习不专心，成绩就不会好。
Xuéxí bù zhuānxīn, chéngjì jiù bú huì hǎo.
勉強に集中しなければ、成績も良いはずがありません。

老王对工作非常热心。
Lǎo-Wáng duì gōngzuò fēicháng rèxīn.
王さんは仕事に非常に熱心です。

这首歌使我感到非常亲切。
Zhè shǒu gē shǐ wǒ gǎndào fēicháng qīnqiè.
この歌は非常に親しみを感じさせます。

他们俩的关系很密切。Tāmen liǎ de guānxi hěn mìqiè.
彼ら 2 人の関係は親しいです。

进一步密切两国关系。Jìn yí bù mìqiè liǎng guó guānxi.
両国の関係をいっそう緊密にします。

☐ 伝言する ☐ 会議を開く ☐ 信用する ☐ 肯定する
☐ 宣伝する ☐ あれこれ取りざたする ☐ 信頼する ☐ 否定する
☐ 広める ☐ 論争する ☐ 支持する ☐ ほめる
☐ 報道する ☐ 質問する ☐ 認める ☐ 理解する

まとめて覚えよう – パソコン

笔记本电脑	bǐjìběn diànnǎo	ノートパソコン
平板电脑	píngbǎn diànnǎo	タブレット
显示屏	xiǎnshìpíng	ディスプレイ
键盘	jiànpán	キーボード
鼠标	shǔbiāo	マウス
网络摄像头	wǎngluò shèxiàngtóu	ウェブカメラ
扬声器	yángshēngqì	スピーカー
麦克风	màikèfēng	マイク
闪存盘(U盘)	shǎncúnpán(Upán)	USBメモリ
硬件	yìngjiàn	ハードウエア
软件	ruǎnjiàn	ソフトウエア
程序	chéngxù	プログラム
回车键	huíchējiàn	エンターキー
空格键	kònggéjiàn	スペースキー
退格键	tuìgéjiàn	バックスペースキー
视窗	shìchuāng	ウインドー
回收站	huíshōuzhàn	ゴミ箱
文件	wénjiàn	ドキュメント
文件夹	wénjiànjià	フォルダー
图标	túbiāo	アイコン

キクタン中国語

3週目

✓学習したらチェック！

中国語で言ってみよう！

上司のあなたに対する評価は高いです。

（答えは273）

名詞7

Check 1

015

□ 225
食物
shíwù
名 食物、食べもの、食品
名 拾物 shíwù（拾い物）

□ 226 糧
粮食
liángshi
名 食糧

□ 227
桃子
táozi
名 モモ
量 个 ge

□ 228
小麦
xiǎomài
名 小麦
量 粒 lì、颗 kē

□ 229 腸
香肠
xiāngcháng
名 ソーセージ
量 根 gēn

□ 230 鴨
烤鸭
kǎoyā
名 アヒルの丸焼き
北京烤鸭 Běijīng kǎoyā（北京ダック）

□ 231
三明治
sānmíngzhì
名 サンドイッチ

□ 232 魚
生鱼片
shēngyúpiàn
名 刺身
寿司 shòusī（すし）
天麸罗 tiānfūluó（てんぷら）

继续
▼

中国の“冰激凌”の定番と言えば“光明白雪冰砖”、“可爱多”、“冰工厂”。

Check 2

071

这种食物对胃不好。
Zhè zhǒng shíwù duì wèi bù hǎo.
この手の食べものは胃に良くありません。

现在不会为买不起粮食发愁了。
Xiànzài bú huì wèi mǎibuqǐ liángshi fāchóu le.
今では食糧が買えないと心配しなくても良くなりました。

我喜欢吃桃子。
Wǒ xǐhuan chī táozi.
私はモモ（を食べるの）が好きです。

中国北方主要生产小麦和玉米。
Zhōngguó běifāng zhǔyào shēngchǎn xiǎomài hé yùmǐ.
中国の北方では主に小麦とトウモロコシを生産しています。

这是用鱼肉做的香肠。
Zhè shì yòng yúròu zuò de xiāngcháng.
これは魚肉で作ったソーセージです。

下次我带你去尝一尝北京烤鸭。
Xià cì wǒ dài nǐ qù cháng yi cháng Běijīng kǎoyā.
今度北京ダックを食べに連れていきましょう。

我自己做了三明治。
Wǒ zìjǐ zuòle sānmíngzhì.
私は自分でサンドイッチを作りました。

你吃得惯生鱼片吗?
Nǐ chīdeguàn shēngyúpiàn ma?
刺身を食べ慣れましたか。

继续
▼

名詞7

Check 1

015

□ 233 ✎冰

冰激凌
bīngjīlíng

名 アイスクリーム
同 冰淇淋 bīngqílín

□ 234 ✎飲

饮料
yǐnliào

名 飲料

□ 235 ✎茶葉

茶叶
cháyè

名 茶葉

□ 236

汽水
qìshuǐ

名 サイダー、炭酸飲料

□ 237

油
yóu

名 油
関 放油 fàng yóu（油を入れる）

□ 238 ✎営養

营养
yíngyǎng

名 栄養、栄養分

□ 239

早餐
zǎocān

名 朝食
同 早饭 zǎofàn
関 午餐 wǔcān（昼食）、晚餐 wǎncān（夕食）

□ 240 ✎館

餐馆
cānguǎn

名 レストラン
同 餐厅 cāntīng、饭馆 fànguǎn
量 家 jiā

14日目 014
Quick Review
答えは次頁

□ 稳定	□ 寒冷	□ 成熟	□ 专心
□ 乱	□ 干燥	□ 精彩	□ 热心
□ 闷热	□ 湿	□ 活泼	□ 亲切
□ 温暖	□ 鲜	□ 严肃	□ 密切

Check 2

071

我要吃冰激凌。
Wǒ yào chī bīngjīlíng.
アイスクリームを食べたいです。

都有什么饮料?
Dōu yǒu shénme yǐnliào?
どんな飲み物がありますか。

我想买点儿茶叶。
Wǒ xiǎng mǎi diǎnr cháyè.
お茶の葉を少し買いたいです。

一到夏天，汽水的销量就会增加。
Yí dào xiàtiān, qìshuǐ de xiāoliàng jiù huì zēngjiā.
夏になると、サイダーの販売量は増加します。

炒菜多放点儿油好吃。
Chǎo cài duō fàng diǎnr yóu hǎochī.
炒め物は油を多めに入れるとおいしいです。

这种食品很有营养。
Zhè zhǒng shípǐn hěn yǒu yíngyǎng.
この食品はとても栄養があります。

我准备好早餐了。
Wǒ zhǔnbèihǎo zǎocān le.
朝食の準備ができました。

这附近有上海餐馆吗?
Zhè fùjìn yǒu Shànghǎi cānguǎn ma?
この近くに上海レストランはありますか。

□ 安定している	□ 寒い	□ 成熟した	□ 専念している
□ 乱れている	□ 乾燥している	□ 素晴らしい	□ 熱心である
□ 蒸し暑い	□ 濡れている	□ 活発である	□ 親しみを感じさせる
□ 暖かい	□ 新鮮な	□ 厳粛である	□ 親しい

名詞8

Check 1

016

□ 241 ✎貨
百货
bǎihuò
名（衣類・食器・日用品などの）各種商品

□ 242
日用品
rìyòngpǐn
名 日用品

□ 243
刀
dāo
名 ナイフ、刀、刃物
量 把 bǎ

□ 244 ✎牙
牙刷
yáshuā
名 歯ブラシ
量 把 bǎ、支 zhī

□ 245 ✎鏡
镜子
jìngzi
名 鏡
量 面 miàn、块 kuài

□ 246
上衣
shàngyī
名 上着
量 件 jiàn

□ 247 ✎包
背包
bēibāo
名 リュックサック

□ 248 ✎包
皮包
píbāo
名 革かばん

继续
▼

"牙刷"は歯ブラシですが、"刷牙"とひっくり返すと「歯をみがく」になります。

Check 2

072

这家商店卖日用百货。
Zhè jiā shāngdiàn mài rìyòng bǎihuò.
この店は日用雑貨を売っています。

这附近有卖日用品的商店吗?
Zhè fùjìn yǒu mài rìyòngpǐn de shāngdiàn ma?
この辺りに日用品を売っている店はありますか。

那把刀不快，你用这把吧。
Nà bǎ dāo bú kuài, nǐ yòng zhè bǎ ba.
そのナイフは切れ味が悪いから、これを使ってください。

我要去超市买一个牙刷。
Wǒ yào qù chāoshì mǎi yí ge yáshuā.
私はスーパーへ歯ブラシを買いに行きたいです。

我妹妹喜欢照镜子。
Wǒ mèimei xǐhuan zhào jìngzi.
私の妹は鏡を見るのが好きです。

外边冷，出门时别忘了穿上衣。
Wàibian lěng, chūmén shí bié wàngle chuān shàngyī.
外は寒いから、出かけるときは上着を着るのを忘れないように。

我的背包很重，装了很多东西。
Wǒ de bēibāo hěn zhòng, zhuāngle hěn duō dōngxi.
私のリュックは重くて、たくさんの物が入っています。

有比这个大一点儿的皮包吗?
Yǒu bǐ zhège dà yìdiǎnr de píbāo ma?
これより少し大きい革のかばんはありますか。

继续
▼

名詞8

Check 1

016

□ 249 ✎具

家具
jiājù

名 家具
量 件 jiàn、套 tào

□ 250 ✎計 機

计算机
jìsuànjī

名 コンピュータ
同 电脑 diànnǎo

□ 251 ✎遊戯機

游戏机
yóuxìjī

名 ゲーム機

□ 252 ✎電器

充电器
chōngdiànqì

名 充電器

□ 253 ✎記

日记
rìjì

名 日記
量 本 běn

□ 254 ✎郵

邮件
yóujiàn

名 郵便物
関 电子邮件 diànzǐ yóujiàn（メール）

□ 255 ✎資

资料
zīliào

名 資料
関 生産や生活の上での必需品、参考にしたり、依拠するデータを指す

□ 256

材料
cáiliào

名 資料、データ、原材料
量 种 zhǒng
関 建築資材などの材料から、参考となるデータや記録、著述を指す

15日目 015
Quick Review
答えは次頁

□ 食物	□ 香肠	□ 冰激凌	□ 油
□ 粮食	□ 烤鸭	□ 饮料	□ 营养
□ 桃子	□ 三明治	□ 茶叶	□ 早餐
□ 小麦	□ 生鱼片	□ 汽水	□ 餐馆

Check 2

072

他为新房子买了一套新家具。
Tā wèi xīn fángzi mǎile yí tào xīn jiājù.
彼は新居のために新しい家具を一式購入しました。

他在大学学的是计算机专业。
Tā zài dàxué xué de shì jìsuànjī zhuānyè.
彼が大学で専攻したのはコンピュータです。

这是最新款的游戏机。
Zhè shì zuì xīnkuǎn de yóuxìjī.
これは最新のゲーム機です。

我忘记带手机的充电器了。
Wǒ wàngjì dài shǒujī de chōngdiànqì le.
携帯電話の充電器を持ってくるのを忘れました。

学生们按照老师的要求，每天用外语写日记。
Xuéshengmen ànzhào lǎoshī de yāoqiú, měi tiān yòng wàiyǔ xiě rìjì.
学生たちは先生の要求どおりに、毎日外国語で日記を書きます。

你收到我发的邮件了吗？
Nǐ shōudào wǒ fā de yóujiàn le ma?
私が出した郵便物を受け取りましたか。

北京图书馆里有很多珍贵的资料。
Běijīng túshūguǎn li yǒu hěn duō zhēnguì de zīliào.
北京図書館には多くの貴重な資料があります。

请问，申请签证要什么材料？
Qǐngwèn, shēnqǐng qiānzhèng yào shénme cáiliào?
お尋ねしますが、ビザ申請にはどんな資料が必要ですか。

□ 食物	□ ソーセージ	□ アイスクリーム	□ 油
□ 食糧	□ アヒルの丸焼き	□ 飲料	□ 栄養
□ モモ	□ サンドイッチ	□ 茶葉	□ 朝食
□ 小麦	□ 刺身	□ サイダー	□ レストラン

名詞9

Check 1

017

□ 257 電視劇
电视剧
diànshìjù
名 テレビドラマ
量 部 bù
関 电视连续剧 diànshì liánxùjù（連続テレビドラマ）

□ 258 電視
电视台
diànshìtái
名 テレビ局
量 家 jiā

□ 259 児園
幼儿园
yòu'éryuán
名 幼稚園

□ 260 場
体育场
tǐyùchǎng
名 運動場、グラウンド

□ 261 勝 跡
名胜古迹
míngshèng gǔjì
名 名所旧跡
量 处 chù

□ 262 門
门票
ménpiào
名 入場券
量 张 zhāng

□ 263 閲覧
阅览室
yuèlǎnshì
名 閲覧室、図書室

□ 264 花園
花园
huāyuán
名（草花を植えた）庭、花園

继续 ▼

中国の"名胜古迹"には"长城""故宫""西湖""苏州园林""黄山""兵马俑"などたくさんありますね。

Check 2

073

我喜欢看电视剧。
Wǒ xǐhuan kàn diànshìjù.
私はテレビドラマを見るのが好きです。

他在电视台工作十多年了。
Tā zài diànshìtái gōngzuò shí duō nián le.
彼はテレビ局で十数年働いています。

很多幼儿园都教英语。
Hěn duō yòu'éryuán dōu jiāo Yīngyǔ.
多くの幼稚園が英語を教えています。

我们可以在体育场打篮球。
Wǒmen kěyǐ zài tǐyùchǎng dǎ lánqiú.
運動場でバスケットボールができます。

北京有很多名胜古迹。
Běijīng yǒu hěn duō míngshèng gǔjì.
北京にはたくさんの名所旧跡があります。

公园门票多少钱一张?
Gōngyuán ménpiào duōshao qián yì zhāng?
公園の入場券は1枚いくらですか。

她每天去阅览室看报纸。
Tā měi tiān qù yuèlǎnshì kàn bàozhǐ.
彼女は毎日閲覧室に行って新聞を読みます。

她家的花园里有很多花。
Tā jiā de huāyuán li yǒu hěn duō huā.
彼女の家の庭には多くの花があります。

继续
▼

名詞9

Check 1

□ 265
媒体
méitǐ
名 メディア、媒体

□ 266 ✎聯網
互联网
hùliánwǎng
名 インターネット
同 因特网 yīntèwǎng

□ 267
信息
xìnxī
名 情報、インフォメーション、便り、消息

□ 268
短信
duǎnxìn
名 ショートメッセージ

□ 269
文件
wénjiàn
名 文書、ファイル
量 个 ge、份 fèn

□ 270 ✎図
图
tú
! 名 絵、図、イラスト
量 张 zhāng、幅 fú

□ 271 ✎図
图片
túpiàn
名（展示の説明の際に使う）写真、絵、図版
量 张 zhāng

□ 272
文字
wénzì
名 文字

16日目 016
Quick Review
答えは次頁

□ 百货	□ 镜子	□ 家具	□ 日记
□ 日用品	□ 上衣	□ 计算机	□ 邮件
□ 刀	□ 背包	□ 游戏机	□ 资料
□ 牙刷	□ 皮包	□ 充电器	□ 材料

Check 2

073

现在数字媒体发展得很快。
Xiànzài shùzì méitǐ fāzhǎnde hěn kuài.
今はデジタルメディアが急速に発展しています。

我们可以利用互联网查找需要的信息。
Wǒmen kěyǐ lìyòng hùliánwǎng cházhǎo xūyào de xìnxī.
私たちはインターネットで必要な情報を調べられます。

现在人们的信息主要来自手机。
Xiànzài rénmen de xìnxī zhǔyào láizì shǒujī.
現在人々の情報は主に携帯電話から発信されています。

打电话不方便的话，可以发短信。
Dǎ diànhuà bù fāngbiàn dehuà, kěyǐ fā duǎnxìn.
電話が不便なら、ショートメッセージでもいいですよ。

这是一份具有历史意义的文件。
Zhè shì yí fèn jùyǒu lìshǐ yìyì de wénjiàn.
これは歴史的意義のある文書です。

请把这张图挂在墙上。
Qǐng bǎ zhè zhāng tú guàzài qiáng shang.
この絵を壁に掛けてください。

他在演示中使用了大量的图片。
Tā zài yǎnshì zhōng shǐyòngle dàliàng de túpiàn.
彼はプレゼンテーションで大量の写真を使いました。

几千年前，人类就有了文字。
Jǐ qiān nián qián, rénlèi jiù yǒule wénzì.
数千年前から、人類にはすでに文字がありました。

□ 各種商品	□ 鏡	□ 家具	□ 日記
□ 日用品	□ 上着	□ コンピュータ	□ 郵便物
□ ナイフ	□ リュックサック	□ ゲーム機	□ 資料
□ 歯ブラシ	□ 革かばん	□ 充電器	□ 資料

18日目 動詞7

Check 1 018

□ 273 ✎評価
评价
píngjià
動 評価する
名 評価

□ 274
感受
gǎnshòu
動 感じる
名 印象、感想

□ 275
思考
sīkǎo
動 考える、思考する

□ 276 ✎懐
怀疑
huáiyí
動 疑う、推測する

□ 277
体会
tǐhuì
動 体得する、理解する
名 体得、理解

□ 278 ✎収
吸收
xīshōu
動 吸収する

□ 279
善于
shànyú
動 ～に長じている、堪能である、～にたけている、～がうまい

□ 280 ✎憶
回忆
huíyì
動 回想する

继续 ▼

"好"は日本語と全く意味が異なるので要注意です！第3声（形容詞）と第4声（動詞）では意味も異なります。

Check 2

074

我们要客观地评价这部作品。 Wǒmen yào kèguān de píngjià zhè bù zuòpǐn. 私たちは客観的にこの作品を評価しなければいけません。

领导对你的评价很高。 Lǐngdǎo duì nǐ de píngjià hěn gāo. 上司のあなたに対する評価は高いです。

我感受到了这里人们的热情。 Wǒ gǎnshòudàole zhèli rénmen de rèqíng. 私はここの人々の熱意を感じました。

第二次来北京，我有了不一样的感受。 Dì-èr cì lái Běijīng, wǒ yǒule bù yíyàng de gǎnshòu. 2回目の北京で、異なる印象を持ちました。

我正在思考问题，请别打扰我。

Wǒ zhèngzài sīkǎo wèntí, qǐng bié dǎrǎo wǒ.

私は今問題を考えているところだから、邪魔しないでください。

你不应该随便地怀疑她。

Nǐ bù yīnggāi suíbiàn de huáiyí tā.

彼女のことを勝手に疑ってはいけません。

他体会到了知识的重要。 Tā tǐhuìdàole zhīshi de zhòngyào. 彼は知識の大切さを深く理解しました。 **我们交流了一下学好汉语的心得体会。** Wǒmen jiāoliúle yíxià xuéhǎo Hànyǔ de xīndé tǐhuì. 私たちは中国語をマスターする方法について意見交換をしました。

日本吸收了很多外国文化。

Rìběn xīshōule hěn duō wàiguó wénhuà.

日本は多くの外国文化を吸収しました。

她这个人非常善于交际。

Tā zhège rén fēicháng shànyú jiāojì.

彼女という人は付き合いが非常にうまいです。

她常常回忆起过去的日子。

Tā chángcháng huíyìqǐ guòqù de rìzi.

彼女はよく過ぎ去った日々を思い出しています。

继续 ▼

動詞7

Check 1

018

□ 281 ✎経歴
经历
jīnglì
動 **経験する**
名 経験、経歴

□ 282 ✎計
估计
gūjì
動 **推測する、見積もる**

□ 283 ✎熱愛
热爱
rè'ài
動 **心から愛する**

□ 284
好
hào
動 **好む、好く、好きである**
形 好 hǎo（良い）

□ 285 ✎愛護
爱护
àihù
動 **大切にする、大事にする**

□ 286 ✎嚇
吓
xià
動 **脅かす、びっくりさせる**
吓一跳 xià yí tiào（びっくりする）
吓 hè（脅かす）

□ 287
恐怕
kǒngpà
動 **心配する、恐れる**
副 恐らく

□ 288 ✎微
微笑
wēixiào
動 **微笑する**

17日目 017
Quick Review
答えは次頁

□ 电视剧	□ 名胜古迹	□ 媒体	□ 文件
□ 电视台	□ 门票	□ 互联网	□ 图
□ 幼儿园	□ 阅览室	□ 信息	□ 图片
□ 体育场	□ 花园	□ 短信	□ 文字

我也经历过那次大地震。
Wǒ yě jīnglìguo nà cì dà dìzhèn.
私もあの大地震を経験しました。

我估计他今天不会来的。
Wǒ gūjì tā jīntiān bú huì lái de.
彼は今日来ないだろうと思います。

他很热爱自己的工作。
Tā hěn rè'ài zìjǐ de gōngzuò.
彼は自分の仕事を心から愛しています。

这个人非常好学。
Zhège rén fēicháng hào xué.
この人は大変勉強が好きです。

我们要关心儿童、爱护儿童。
Wǒmen yào guānxīn értóng、àihù értóng.
私たちは児童に関心を持ち、大切にしなければいけません。

他悄悄地走进来，吓了我一跳。
Tā qiāoqiāo de zǒujinlai, xiàle wǒ yí tiào.
彼がこっそり入って来たので、私はびっくりしました。

我恐怕他会不高兴。 **Wǒ kǒngpà tā huì bù gāoxìng.** 私は彼が不機嫌にならないか心配です。 **他昨天睡得很晚，恐怕今天不能来上课。** **Tā zuótiān shuìde hěn wǎn, kǒngpà jīntiān bù néng lái shàngkè.** 彼は昨日遅く寝たので、恐らく今日は授業に来られないでしょう。

她总是微笑着和别人打招呼。
Tā zǒngshì wēixiàozhe hé biéren dǎ zhāohu.
彼女はいつも微笑みながら人とあいさつをします。

□ テレビドラマ	□ 名所旧跡	□ メディア	□ 文書
□ テレビ局	□ 入場券	□ インターネット	□ 絵
□ 幼稚園	□ 閲覧室	□ 情報	□（展示の説明の際に使う）写真
□ 運動場	□（草花を植えた）庭	□ ショートメッセージ	□ 文字

動詞8

Check 1 019

□ 289 ✎後悔
后悔
hòuhuǐ
動 後悔する

□ 290
同情
tóngqíng
動 同情する

□ 291 ✎満
满足
mǎnzú
動 満足させる、満足する、満たす
≒ 满意 mǎnyì

□ 292
感激
gǎnjī
! 動 感謝する

□ 293 ✎念
想念
xiǎngniàn
動 懐かしむ、恋しがる

□ 294 ✎羡
羡慕
xiànmù
動 うらやむ、うらやましがる、羨望する

□ 295 ✎望
盼望
pànwàng
動 切望する
≒ 渴望 kěwàng

□ 296
吸引
xīyǐn
動 引きつける、吸い寄せる

继续
▼

Check 2

075

他开始后悔了，但是已经太晚了。
Tā kāishǐ hòuhuǐ le, dànshì yǐjīng tài wǎn le.
彼は後悔し始めましたが、すでに遅すぎます。

我们都非常同情他的遭遇。
Wǒmen dōu fēicháng tóngqíng tā de zāoyù.
我々は皆彼の境遇に非常に同情しています。

国家要满足人民的要求。
Guójiā yào mǎnzú rénmín de yāoqiú.
国家は人民の要求を満たさなければいけません。

我从心里感激他。
Wǒ cóng xīnli gǎnjī tā.
私は心から彼に感謝しています。

我很想念我的小学老师。
Wǒ hěn xiǎngniàn wǒ de xiǎoxué lǎoshī.
私は小学校の先生がとても懐かしいです。

我很羡慕他们有这么好的学习条件。
Wǒ hěn xiànmù tāmen yǒu zhème hǎo de xuéxí tiáojiàn.
彼らにはこのように良い学習条件があることを私はうらやましく思います。

我们都盼望他早日恢复健康。
Wǒmen dōu pànwàng tā zǎorì huīfù jiànkāng.
我々は皆彼が早く健康を回復することを切望しています。

她的音乐会吸引了很多听众。
Tā de yīnyuèhuì xīyǐnle hěn duō tīngzhòng.
彼女のコンサートは多くの聴衆を引きつけました。

继续
▼

動詞8

Check 1

🎧 019

□ 297 ✎覚
自觉
zìjué
動 **自覚する**
形 自覚的である
同 動 **自决 zìjué**（自ら決定する）

□ 298 ✎慮
考虑
kǎolǜ
動 **考慮する、考える**

□ 299 ✎拠説
据说
jùshuō
動 **〜だそうだ**

□ 300 ✎確
确定
quèdìng
動 **確定する、はっきり決める**
形 確かである、明確である

□ 301
定
dìng
動 **決定する、予約する、落ち着く**

□ 302 ✎訂
订
dìng
動 **（新聞や商品などを）予約する、注文する、（条約や契約などを）結ぶ、締結する**

□ 303 ✎視
重视
zhòngshì
動 **重視する**

□ 304 ✎無所謂
无所谓
wúsuǒwèi
動 **どちらでも構わない、〜とは言えない、どうでも良い**

18日目🎧018
Quick Review
答えは次頁

□ 评价	□ 体会	□ 经历	□ 爱护
□ 感受	□ 吸收	□ 估计	□ 吓
□ 思考	□ 善于	□ 热爱	□ 恐怕
□ 怀疑	□ 回忆	□ 好	□ 微笑

他自觉自己的体力越来越差了。 Tā zìjué zìjǐ de tǐlì yuè lái yuè chà le. 彼は自分の体力がますます低下していると自覚しています。

请自觉遵守交通规则。 Qǐng zìjué zūnshǒu jiāotōng guīzé.
自ら進んで交通規則を守ってください。

这个问题你应该认真考虑一下。
Zhège wèntí nǐ yīnggāi rènzhēn kǎolǜ yíxià.
この問題を君はちょっとまじめに考えるべきです。

据说他以前是一名运动员。
Jùshuō tā yǐqián shì yì míng yùndòngyuán.
彼は以前スポーツ選手だったそうです。

他们结婚的日期已经确定了。 Tāmen jiéhūn de rìqī yǐjīng quèdìng le.
彼らは結婚の日取りをもう決めました。

我还没收到确定的答复。 Wǒ hái méi shōudao quèdìng de dáfu.
私はまだ確定的な回答を得ていません。

我们先定一下会议的时间、地点吧。
Wǒmen xiān dìng yíxià huìyì de shíjiān、dìdiǎn ba.
先に会議の時間と場所を決めてしまいましょう。

你放心，酒店我给你订好了。
Nǐ fàngxīn, jiǔdiàn wǒ gěi nǐ dìnghǎo le.
安心してください、ホテルはすでにあなたのために予約しました。

现在人们越来越重视理财了。
Xiànzài rénmen yuè lái yuè zhòngshì lǐcái le.
現在人々はますます財テクを重視しています。

你去不去，我都无所谓。
Nǐ qù bu qù, wǒ dōu wúsuǒwèi.
君が行くか行かないか、私はどちらでも構いません。

- □ 評価する
- □ 感じる
- □ 考える
- □ 疑う
- □ 体得する
- □ 吸収する
- □ ～に長じている
- □ 回想する
- □ 経験する
- □ 推測する
- □ 心から愛する
- □ 好む
- □ 大切にする
- □ 脅かす
- □ 心配する
- □ 微笑する

20日目 動詞9

Check 1

🎧 020

□ 305 ✎際
交际
jiāojì
動 **交際する、付き合う**

□ 306
分手
fēn▾shǒu
動 **別れる**
付き合っているカップルが別れるときにも使う

□ 307 ✎別
告别
gào▾bié
動 **別れる、別れを告げる**
声をかけたり、あいさつをして別れることや、死者との最後の別れに使う

□ 308 ✎別
分别
fēnbié
! 動 **別れる、区別する**
名 区別、違い
副 それぞれ、別々に

□ 309 ✎開
分开
fēn▾kāi
動 **別れる、分ける**

□ 310 ✎請
邀请
yāoqǐng
動 **招待する、招く**

□ 311
做客
zuò▾kè
動 **客として招待される**

□ 312
接待
jiēdài
動 **接待する、応接する**

继续
▼

お酒が苦手なら、“干杯”（杯をほす）と言わないで、“半杯”（半分だけ）や“喝一口”（一口飲む）と言いましょう。

Check 2

🎧 076

我这个人不太善于交际。
Wǒ zhège rén bú tài shànyú jiāojì.
私はあまり人付き合いがうまくありません。

我们分手吧。
Wǒmen fēnshǒu ba.
私たち別れましょう。

回国前，我去和老师告别。
Huí guó qián, wǒ qù hé lǎoshī gàobié.
帰国前、私は先生に別れを告げに行きました。

分别了五年，他们又见面了。 **Fēnbiéle wǔ nián, tāmen yòu jiànmiàn le.** 別れてから5年、彼らはまた会いました。
有什么分别吗？ **Yǒu shénme fēnbié ma?**
どんな違いがあるのですか。

小时候，我和父母分开生活过。
Xiǎo shíhou, wǒ hé fùmǔ fēnkāi shēnghuóguo.
小さい頃、私は両親と別れて生活していました。

我邀请他参加我的生日晚会。
Wǒ yāoqǐng tā cānjiā wǒ de shēngrì wǎnhuì.
私は彼を誕生日パーティーに招待しました。

有时间请来我家做客。
Yǒu shíjiān qǐng lái wǒ jiā zuòkè.
時間があれば、私の家においでください。

我现在很忙，不能接待任何人。
Wǒ xiànzài hěn máng, bù néng jiēdài rènhé rén.
私は今忙しいので誰も接待できません。

继续
▼

動詞9

Check 1

🎧 020

□ 313 ✎対
对待
duìdài
動 向き合う、応対する

□ 314
招待
zhāodài
動 もてなす

□ 315
交流
jiāoliú
動 交流する、交換する

□ 316
招呼
zhāohu
動 呼ぶ、あいさつする
関 打招呼 dǎ zhāohu（あいさつする）

□ 317 ✎乾
干杯
gān▼bēi
動 乾杯する

□ 318
等待
děngdài
動 待つ

□ 319 ✎触
接触
jiēchù
動 触れる、さわる、接触する、交渉する

□ 320
陪
péi
動 付き添う、お供をする、お相手をする

19日目 🎧 019
Quick Review
答えは次頁

□ 后悔 □ 想念 □ 自觉 □ 定
□ 同情 □ 羡慕 □ 考虑 □ 订
□ 满足 □ 盼望 □ 据说 □ 重视
□ 感激 □ 吸引 □ 确定 □ 无所谓

Check 2 　076

我真不知道该怎样对待这个问题。
Wǒ zhēn bù zhīdào gāi zěnyàng duìdài zhège wèntí.
私はこの問題にどう対処すれば良いか全く分かりません。

他在家里热情地招待了我们。
Tā zài jiā li rèqíng de zhāodàile wǒmen.
彼は家で我々を温かくもてなしてくれました。

我们互相交流了学习外语的经验。
Wǒmen hùxiāng jiāoliúle xuéxí wàiyǔ de jīngyàn.
私たちは互いに外国語学習の経験を話し合いました。

需要帮助招呼我一声。 Xūyào bāngzhù zhāohu wǒ yì shēng.
助けが必要なら一声かけてください。
他热情地跟我们打了招呼。 Tā rèqíng de gēn wǒmen dǎle zhāohu.
彼は心を込めて私たちにあいさつをしました。

为各位来宾的健康干杯！
Wèi gè wèi láibīn de jiànkāng gānbēi!
ご来賓の皆さまのご健康をお祈りして、乾杯！

他们在等待下一次机会。
Tāmen zài děngdài xià yí cì jīhui.
彼らは次の機会を待っています。

我没有机会和中国人接触。
Wǒ méiyǒu jīhui hé Zhōngguórén jiēchù.
私は中国人と接する機会がありません。

你脸色不太好，我陪你去医院看看吧。
Nǐ liǎnsè bú tài hǎo, wǒ péi nǐ qù yīyuàn kànkan ba.
顔色があまり良くないから、私が病院に連れて行って診てもらいましょう。

- □ 後悔する
- □ 同情する
- □ 満足させる
- □ 感謝する
- □ 懐かしむ
- □ うらやむ
- □ 切望する
- □ 引きつける
- □ 自覚する
- □ 考慮する
- □ ～だそうだ
- □ 確定する
- □ 決定する
- □ 予約する
- □ 重視する
- □ どちらでも構わない

21日目 形容詞3

Check 1 🎧 021

□ 321 ✎積極
积极
jījí
形 **積極的である、熱心である**
⇔ 消极 xiāojí（消極的である）

□ 322
好奇
hàoqí
形 **好奇心が強い、もの好きである**

□ 323
急
jí
! 形 **焦る、怒りっぽい、速くて激しい、急ぎの**

□ 324
弱
ruò
形 **弱い**
⇔ 强 qiáng（強い）

□ 325 ✎強
强
qiáng
形 **強い**
⇔ 弱 ruò（弱い）

□ 326 ✎強
强大
qiángdà
形 **強力である**

□ 327 ✎結実
结实
jiēshi
! 形 **（体が）壮健である、丈夫である**

□ 328
耐心
nàixīn
形 **辛抱強い**
名 根気

继续
▼

中国語は発音や文のリズムを重視します。そのため"强"と"强大"のように似た意味を表す単語が複数あります。

Check 2 077

学生应该积极参加学校的各项活动。
Xuésheng yīnggāi jījí cānjiā xuéxiào de gè xiàng huódòng.
学生は学校の各活動に積極的に参加すべきです。

这个孩子对什么事情都很好奇。
Zhège háizi duì shénme shìqing dōu hěn hàoqí.
この子は何に対しても好奇心が強いです。

你别急，时间还早呢。
Nǐ bié jí, shíjiān hái zǎo ne.
焦らないで、まだ時間は早いから。

她看上去身体很弱。
Tā kànshangqu shēntǐ hěn ruò.
彼女は見たところ体が弱そうです。

他是一个责任感很强的人。
Tā shì yí ge zérèngǎn hěn qiáng de rén.
彼は責任感が強い人です。

发展中国家的力量会越来越强大。
Fāzhǎnzhōng guójiā de lìliang huì yuè lái yuè qiángdà.
発展途上国の勢力はますます強くなっていくでしょう。

他的身体很结实，从来不得病。
Tā de shēntǐ hěn jiēshi, cónglái bù débìng.
彼は体が丈夫で、これまで病気をしたことがありません。

对犯错误的孩子要耐心教育。 **Duì fàn cuòwù de háizi yào nàixīn jiàoyù.** 過ちを犯した子どもに対しては根気よく教育しなければいけません。
教育孩子要有耐心才行。 **Jiàoyù háizi yào yǒu nàixīn cái xíng.**
子どもを教育するには辛抱強さがあってこそです。

继续
▼

形容詞3

Check 1　🎧 021

□ 329 ✏堅強
坚强
jiānqiáng
形 **（意志が）強固である、強靭な、ねばり強い**
動 強固にする

□ 330 ✏堅決
坚决
jiānjué
形 **断固としている**

□ 331 ✏細
仔细
zǐxì
形 **注意深い、こまやかである**

□ 332 ✏強
强烈
qiángliè
形 **激しい、強い、猛烈である**
📖 主張や要求、エネルギーなどが激しい

□ 333
激烈
jīliè
形 **激しい、激烈である**
📖 動作や言論などが激しい

□ 334 ✏興奮
兴奋
xīngfèn
形 **興奮している、感情が高ぶる**

□ 335
可怕
kěpà
形 **恐ろしい**

□ 336 ✏驕
骄傲
jiāo'ào
形 **おごり高ぶっている**
名 誇り

20日目 🎧 020 Quick Review
答えは次頁

□ 交际	□ 分开	□ 对待	□ 干杯
□ 分手	□ 邀请	□ 招待	□ 等待
□ 告别	□ 做客	□ 交流	□ 接触
□ 分别	□ 接待	□ 招呼	□ 陪

Check 2

077

她很坚强，没掉一滴眼泪。 Tā hěn jiānqiáng, méi diào yì dī yǎnlèi.
彼女は気丈で、涙 1 つこぼしませんでした。
他有着坚强的意志。 Tā yǒuzhe jiānqiáng de yìzhì.
彼は強い意志を持っています。

他坚决支持女儿去外国留学。
Tā jiānjué zhīchí nǚ'ér qù wàiguó liúxué.
彼は断固として娘が海外留学に行くことを支持しています。

我又仔细看了一遍，没问题。
Wǒ yòu zǐxì kànle yí biàn, méi wèntí.
私はもう一度よく見ましたが、大丈夫です。

工人们强烈要求增加工资。
Gōngrénmen qiángliè yāoqiú zēngjiā gōngzī.
労働者たちは給料アップを強く求めています。

大家在会上争论得非常激烈。
Dàjiā zài huì shang zhēnglùnde fēicháng jīliè.
皆は会議で非常に激しく議論しました。

听到这个消息我非常兴奋。
Tīngdào zhège xiāoxi wǒ fēicháng xīngfèn.
この知らせを聞いて、私は非常に興奮しました。

这种后果太可怕了，我连想都不敢想。
Zhè zhǒng hòuguǒ tài kěpà le, wǒ lián xiǎng dōu bùgǎn xiǎng.
このような結果はあまりにも恐ろしくて、私には考えることさえできませんでした。

他取得了一点成绩就骄傲得很。 Tā qǔdéle yìdiǎn chéngjì jiù jiāo'ào dehěn. 彼は少し成績を上げただけで、非常におごり高ぶっています。
樱花是日本人的骄傲。 Yīnghuā shì Rìběnrén de jiāo'ào.
サクラは日本人の誇りです。

□ 交際する	□ 別れる	□ 向き合う	□ 乾杯する
□ 別れる	□ 招待する	□ もてなす	□ 待つ
□ 別れる	□ 客として招待される	□ 交流する	□ 触れる
□ 別れる	□ 接待する	□ 呼ぶ	□ 付き添う

まとめて覚えよう ― インターネット・操作

インターネット		
互联网／因特网	hùliánwǎng ／ yīntèwǎng	インターネット
浏览器	liúlǎnqì	ブラウザー
在线	zàixiàn	オンライン
网站	wǎngzhàn	サイト
网页	wǎngyè	ウェブページ
链接	liànjiē	リンク
密码	mìmǎ	パスワード
登录／进入	dēnglù ／ jìnrù	ログイン
登出／退出	dēngchū ／ tuìchū	ログアウト
搜索	sōusuǒ	検索
下载	xiàzài	ダウンロード
病毒	bìngdú	ウイルス
操作		
点击	diǎnjī	タップ
单击	dānjī	クリック、タップ
双击	shuāngjī	ダブルクリック、ダブルタップ
点住／长按	diǎnzhù ／ cháng'àn	長押し
滑动	huádòng	スワイプ
拖动	tuōdòng	ドラッグ
缩放	suōfàng	ピンチイン、ピンチアウト
托拉	tuōlā	ドラッグ

キクタン中国語

4週目

✓ 学習したらチェック！

- ■ 22日目　名詞 10
- ■ 23日目　名詞 11
- ■ 24日目　名詞 12
- ■ 25日目　動詞 10
- ■ 26日目　動詞 11
- ■ 27日目　動詞 12
- ■ 28日目　形容詞 4

中国語で言ってみよう！

東京行きの航空券は予約できましたか。

（答えは349）

22日目 名詞10

Check 1 🎧022

□ 337 ✎簡
简体字
jiǎntǐzì
名 **簡体字**

□ 338 ✎繁
繁体字
fántǐzì
名 **繁体字、旧字体**

□ 339
交通
jiāotōng
名 **交通**

□ 340
道路
dàolù
名 **道路**
量 条 tiáo

□ 341
公路
gōnglù
名 **自動車道路**
量 条 tiáo
関 高速道路を指すことが多い

□ 342 ✎鉄
高铁
gāotiě
名 **高速鉄道**
= 高速铁路 gāosù tiělù
関 动车 dòngchē（高速列車）

□ 343 ✎鉄
铁路
tiělù
名 **鉄道**

□ 344 ✎線
路线
lùxiàn
名 **ルート、手段、方針、路線**

继续
▼

大陸・"新加坡 Xīnjiāpō"は"简体字"、"港澳 Gǎng'ào"(香港・マカオ)・台湾は"繁体字"です。

Check 2

078

汉字有简体字和繁体字的区别。
Hànzì yǒu jiǎntǐzì hé fántǐzì de qūbié.
漢字には簡体字と繁体字の違いがあります。

现在中国大陆、新加坡已经不使用繁体字了。
Xiànzài Zhōngguó dàlù、Xīnjiāpō yǐjīng bù shǐyòng fántǐzì le.
現在、中国大陸やシンガポールでは繁体字を使用しなくなりました。

我住的地方交通不太方便。
Wǒ zhù de dìfang jiāotōng bú tài fāngbiàn.
私が住んでいるところは交通の便があまり良くありません。

最近几年我的家乡新修了不少道路。
Zuìjìn jǐ nián wǒ de jiāxiāng xīn xiūle bù shǎo dàolù.
ここ数年、私の故郷では多くの道路が新たに整備されました。

公路上停着几辆大卡车。
Gōnglù shang tíngzhe jǐ liàng dà kǎchē.
道路に数台の大型トラックが停まっています。

从北京到上海，坐高铁很方便。
Cóng Běijīng dào Shànghǎi, zuò gāotiě hěn fāngbiàn.
北京から上海までは、高速鉄道に乗るのが便利です。

我家在铁路的东边。
Wǒ jiā zài tiělù de dōngbian.
私の家は鉄道の東側にあります。

照着这个路线走不会有问题吧?
Zhàozhe zhège lùxiàn zǒu bú huì yǒu wèntí ba?
このルートどおりに行けば、問題はないですよね。

继续
▼

名詞10

Check 1

022

□ 345
巴士
bāshì

名 **バス**
量 辆 liàng
大型の観光バスやリムジンバスなどを指すことが多い

□ 346 車
卡车
kǎchē

名 **トラック**
量 辆 liàng

□ 347 車
快车
kuàichē

名 **急行列車**
慢车 mànchē（普通列車）

□ 348 車
车票
chēpiào

名 **乗車券、切符**
量 张 zhāng

□ 349 機
机票
jīpiào

名 **航空券**
量 张 zhāng

□ 350
航班
hángbān

名 **就航ダイヤ、便**

□ 351 海関
海关
hǎiguān

名 **税関**

□ 352 簽証
签证
qiānzhèng

名 **ビザ**
护照 hùzhào（パスポート）

21日目 021
Quick Review
答えは次頁

□ 积极	□ 强	□ 坚强	□ 激烈
□ 好奇	□ 强大	□ 坚决	□ 兴奋
□ 急	□ 结实	□ 仔细	□ 可怕
□ 弱	□ 耐心	□ 强烈	□ 骄傲

Check 2

078

在哪儿可以坐机场巴士?
Zài nǎr kěyǐ zuò jīchǎng bāshì?
どこで空港バスに乗れますか。

这种卡车是日本生产的。
Zhè zhǒng kǎchē shì Rìběn shēngchǎn de.
このトラックは日本製です。

这趟车是快车。
Zhè tàng chē shì kuàichē.
これは急行列車です。

在网上怎么买高铁的车票?
Zài wǎng shang zěnme mǎi gāotiě de chēpiào?
ネットで高速鉄道の切符はどのように買えばよいですか。

你去东京的机票订好了吗?
Nǐ qù Dōngjīng de jīpiào dìnghǎo le ma?
東京行きの航空券は予約できましたか。

你飞几点的航班?
Nǐ fēi jǐ diǎn de hángbān?
あなたは何時のフライトで飛びますか。

通过海关时，请出示护照和机票。
Tōngguò hǎiguān shí, qǐng chūshì hùzhào hé jīpiào.
税関を通るときにはパスポートと航空券を提示してください。

请问，延长签证需要什么材料?
Qǐngwèn, yáncháng qiānzhèng xūyào shénme cáiliào?
お尋ねしますが、ビザ延長にはどんな資料が必要ですか。

- □ 積極的である
- □ 好奇心が強い
- □ 焦る
- □ 弱い
- □ 強い
- □ 強力である
- □ (体が)壮健である
- □ 辛抱強い
- □ (意志が)強固である
- □ 断固としている
- □ 注意深い
- □ 激しい
- □ 激しい
- □ 興奮している
- □ 恐ろしい
- □ おごり高ぶっている

名詞11

Check 1

023

□ 353
原料
yuánliào
名 原料

□ 354
汽油
qìyóu
名 ガソリン、揮発油
例 加油站 jiāyóuzhàn（ガソリンスタンド）

□ 355 ✎電
电
diàn
名 電気

□ 356
塑料
sùliào
名 プラスチック

□ 357
布
bù
名 布
量 块 kuài、幅 fú、匹 pǐ

□ 358 ✎縄
绳子
shéngzi
名 縄、ひも
量 条 tiáo、根 gēn

□ 359 ✎線
线
xiàn
名 線、糸、路線、コース
量 根 gēn、条 tiáo
例 地铁一号线 dìtiě yī hào xiàn（地下鉄一号線）

□ 360 ✎針
针
zhēn
名 針
量 根 gēn

继续
▼

"机器人 jīqìrén"はロボット、では"机器猫 jīqìmāo"は？
さあ、"百度 Bǎidù"で検索！

Check 2

🎧 079

巧克力的原料是可可。
Qiǎokèlì de yuánliào shì kěkě.
チョコレートの原料はカカオです。

汽油的价格越来越贵了。
Qìyóu de jiàgé yuè lái yuè guì le.
ガソリンの価格がますます高くなりました。

在日常生活中我们要注意节约用电。
Zài rìcháng shēnghuó zhōng wǒmen yào zhùyì jiéyuē yòng diàn.
日常生活で我々は節電に注意しなければいけません。

这个杯子是塑料的。
Zhège bēizi shì sùliào de.
このコップはプラスチック製です。

我想买块儿布做一条裙子。
Wǒ xiǎng mǎi kuàir bù zuò yì tiáo qúnzi.
私は布を買ってスカートを作りたいです。

这根绳子太长了。
Zhè gēn shéngzi tài cháng le.
この縄は長すぎます。

你的这条线画得不直。
Nǐ de zhè tiáo xiàn huàde bù zhí.
あなたの描いたこの線は真っすぐに引かれていません。

地上有一根针。
Dì shang yǒu yì gēn zhēn.
床に針が 1 本あります。

继续
▼

名詞11

Check 1

023

□ 361 ✎具

工具

gōngjù

名 (比喩的に) 手段、工具、道具

量 件 jiàn、样 yàng

□ 362 ✎機器

机器

jīqi

名 機械

量 架 jià、套 tào

□ 363 ✎設備

设备

shèbèi

名 設備

動 備え付ける

□ 364 ✎統

系统

xìtǒng

名 システム、系統

形 系統だっている、体系的である

□ 365 ✎築

建筑

jiànzhù

名 建物、建築物

□ 366

工程

gōngchéng

! 名 工事、プロジェクト

□ 367 ✎廠

工厂

gōngchǎng

名 工場

量 个 ge、家 jiā、座 zuò

□ 368 ✎単

单位

dānwèi

! 名 機関、団体、勤め先

学課の「単位」は"学分 xuéfēn"

22日目 022
Quick Review
答えは次頁

□ 简体字	□ 公路	□ 巴士	□ 机票
□ 繁体字	□ 高铁	□ 卡车	□ 航班
□ 交通	□ 铁路	□ 快车	□ 海关
□ 道路	□ 路线	□ 车票	□ 签证

语言是人们交流的工具。
Yǔyán shì rénmen jiāoliú de gōngjù.
言語は人々が交流する手段です。

这些新机器是从日本进口的。
Zhèxiē xīn jīqi shì cóng Rìběn jìnkǒu de.
これらの新しい機械は日本から輸入したものです。

这些设备是从去年开始使用的。
Zhèxiē shèbèi shì cóng qùnián kāishǐ shǐyòng de.
これらの設備は去年から使用し始めたのです。

我们公司有一套独特的管理系统。 **Wǒmen gōngsī yǒu yí tào dútè de guǎnlǐ xìtǒng.** 我々の会社には独自の管理システムがあります。
我们应该系统地学习汉语。 **Wǒmen yīnggāi xìtǒng de xuéxí Hànyǔ.**
我々は系統的に中国語の勉強をしなければいけません。

这是清代的建筑，已经有 200 多年了。
Zhè shì Qīngdài de jiànzhù, yǐjīng yǒu èrbǎi duō nián le.
これは清代の建築物で、すでに 200 年以上経っています。

这个住宅工程是从去年春天开始的。
Zhège zhùzhái gōngchéng shì cóng qùnián chūntiān kāishǐ de.
この住宅工事は去年の春から始まったのです。

我们学校后面有一家工厂。
Wǒmen xuéxiào hòumian yǒu yì jiā gōngchǎng.
私たちの学校の後ろには工場があります。

这次展览会是由多家单位共同举办的。
Zhè cì zhǎnlǎnhuì shì yóu duō jiā dānwèi gòngtóng jǔbàn de.
今回の展覧会は多くの機関が共同で開催したものです。

□ 簡体字	□ 自動車道路	□ バス	□ 航空券
□ 繁体字	□ 高速鉄道	□ トラック	□ 就航ダイヤ
□ 交通	□ 鉄道	□ 急行列車	□ 税関
□ 道路	□ ルート	□ 乗車券	□ ビザ

名詞12

Check 1 🎧024

□ 369
科
kē
❗ 名 課

□ 370 ✏業
工业
gōngyè
名 工業

□ 371 ✏農業
农业
nóngyè
名 農業

□ 372 ✏業
事业
shìyè
名 事業

□ 373 ✏商業
商业
shāngyè
名 商業

□ 374 ✏職業
职业
zhíyè
名 職業

□ 375
生意
shēngyi
名 商売

□ 376
合同
hétong
❗ 名 契約、契約書
量 项 xiàng、个 ge、份 fèn、张 zhāng

继续
▼

世界の"名牌儿"、あなたはいくつ分かりますか？—"路易威登"、"爱马仕"、"香奈儿"、"古驰"、"卡地亚"

Check 2

080

他女朋友在会计科工作。
Tā nǚpéngyou zài kuàijìkē gōngzuò.
彼のガールフレンドは経理課で働いています。

日本的工业、农业都很发达。
Rìběn de gōngyè、nóngyè dōu hěn fādá.
日本の工業と農業はともに発達しています。

中国的农业技术水平有了很大的提高。
Zhōngguó de nóngyè jìshù shuǐpíng yǒule hěn dà de tígāo.
中国の農業技術レベルは大きく向上しました。

他在事业上取得了很大的成功。
Tā zài shìyè shang qǔdéle hěn dà de chénggōng.
彼は事業で大きな成功を収めました。

大阪的商业非常发达。
Dàbǎn de shāngyè fēicháng fādá.
大阪の商業は非常に盛んです。

他的职业是律师。
Tā de zhíyè shì lǜshī.
彼の職業は弁護士です。

做生意最重要的是讲信用。
Zuò shēngyi zuì zhòngyào de shì jiǎng xìnyòng.
商売で最も重要なのは信用を重んじることです。

我们和这家公司签了一个供货合同。
Wǒmen hé zhè jiā gōngsī qiānle yí ge gōnghuò hétong.
我々はこの会社と納品契約を交わしました。

继续
▼

名詞12

Check 1

024

□ 377 ✎顧 **顾客** gùkè	名 顧客、ユーザー
□ 378 ✎児 **名牌儿** míngpáir	名 ブランド、有名な商標、名札
□ 379 ✎産 **产品** chǎnpǐn	名 製品
□ 380 **手工** shǒugōng	名 手仕事、手作り
□ 381 ✎業務 **业务** yèwù	名 業務、仕事
□ 382 ✎務 **任务** rènwu	名 任務 量 项 xiàng、个 ge
□ 383 ✎項 **项目** xiàngmù	名 プロジェクト、項目
□ 384 **政策** zhèngcè	名 政策 量 项 xiàng、个 ge、条 tiáo

23日目 023 Quick Review
答えは次頁

□ 原料	□ 布	□ 工具	□ 建筑
□ 汽油	□ 绳子	□ 机器	□ 工程
□ 电	□ 线	□ 设备	□ 工厂
□ 塑料	□ 针	□ 系统	□ 单位

Check 2

080

我们的一切工作都是为了顾客。
Wǒmen de yíqiè gōngzuò dōu shì wèile gùkè.
私たちの全ての仕事は顧客のためです。

现在有很多年轻人喜欢名牌儿商品。
Xiànzài yǒu hěn duō niánqīngrén xǐhuan míngpáir shāngpǐn.
現在は多くの若者がブランド品を好みます。

这是我们公司的新产品。
Zhè shì wǒmen gōngsī de xīn chǎnpǐn.
これは我が社の新製品です。

中国的手工纺织品大量出口到国外。
Zhōngguó de shǒugōng fǎngzhīpǐn dàliàng chūkǒudào guówài.
中国の手作りの織物は大量に外国に輸出されています。

这不属于银行的业务范围。
Zhè bù shǔyú yínháng de yèwù fànwéi.
これは銀行の業務外です。

希望你们能按时完成任务。
Xīwàng nǐmen néng ànshí wánchéng rènwu.
期日どおりに任務を達成してください。

这是一个很好的研究项目。
Zhè shì yí ge hěn hǎo de yánjiū xiàngmù.
これはとても良い研究プロジェクトです。

新的经济政策促进了生产的发展。
Xīn de jīngjì zhèngcè cùjìnle shēngchǎn de fāzhǎn.
新しい経済政策が生産の発展を促進しました。

- □ 原料
- □ ガソリン
- □ 電気
- □ プラスチック
- □ 布
- □ 縄
- □ 線
- □ 針
- □ (比喩的に)手段
- □ 機械
- □ 設備
- □ システム
- □ 建物
- □ 工事
- □ 工場
- □ 機関

25日目 動詞10

Check 1

025

□ 385 ✎約
约
yuē
動 **約束する、誘う、束縛する**
副 おおよそ
約 yāo（量る）

□ 386
代
dài
動 **代わる、代理をする**
同 替 tì

□ 387
代替
dàitì
動 **代替する、代わりにする**

□ 388 ✎許
允许
yǔnxǔ
動 **許す、許可する、承認する**
⇔ 禁止 jìnzhǐ（禁止する）

□ 389
依靠
yīkào
動 **頼みにする**
名 よりどころ、保証

□ 390
求
qiú
動 **頼む、要求する、探求する**

□ 391 ✎請
请求
qǐngqiú
動 **頼む**
名 願い、申請

□ 392 ✎推動
推动
tuī▼dòng
動 **推し進める、促進する**

继续
▼

(399)中国の法定労働時間は1日8時間、1週40時間で、日本と同じですね。

Check 2

081

我约他明天上午十点在车站见。 Wǒ yuē tā míngtiān shàngwǔ shí diǎn zài chēzhàn jiàn. 私は彼と明日午前10時に駅で待ち合わせをしています。
参加考试的约有一百多人。 Cānjiā kǎoshì de yuē yǒu yìbǎi duō rén. テストに参加するのは約100人強です。

你忙的话，我代你处理吧。
Nǐ máng dehuà, wǒ dài nǐ chǔlǐ ba.
忙しいのなら、私が代わりにやりましょう。

刘老师病了，今天我代替她上课。
Liú lǎoshī bìng le, jīntiān wǒ dàitì tā shàngkè.
劉先生は病気なので、今日は私が代講します。

父母终于允许我们结婚了。
Fùmǔ zhōngyú yǔnxǔ wǒmen jiéhūn le.
両親はついに私たちが結婚するのを許してくれました。

她一直依靠父母生活。 Tā yìzhí yīkào fùmǔ shēnghuó.
彼女はずっと両親に頼って生活しています。
他生活上没有什么依靠。 Tā shēnghuó shang méiyǒu shénme yīkào.
彼は生活の上で、何のよりどころもありません。

他很少为自己的事去求别人。
Tā hěn shǎo wèi zìjǐ de shì qù qiú biéren.
彼はめったに自分のことで人に頼りません。

农民请求政府帮助他们解决问题。 Nóngmín qǐngqiú zhèngfǔ bāngzhù tāmen jiějué wèntí. 農民は政府に彼らの問題を解決するよう助けを求めました。
希望您重新考虑一下我的请求。 Xīwàng nín chóngxīn kǎolǜ yíxià wǒ de qǐngqiú. 私の願いを再考していただきたいのです。

我们要不断地总结经验，推动工作。
Wǒmen yào búduàn de zǒngjié jīngyàn, tuīdòng gōngzuò.
絶えず経験を総括し、仕事を推進しなければいけません。

继续
▼

動詞10

Check 1 　025

□393 発
发出
fāchū
動（命令や指示を）出す、（音やにおいなどを）発する、（手紙、荷物などを）送り出す

□394 進
促进
cùjìn
動 促進する、拍車をかける、促す

□395 調
调
diào
! 動 異動する、移動する、交換する
调整 tiáozhěng（調整する）

□396 控
控制
kòngzhì
動 制御する、コントロールする

□397 擾
打扰
dǎrǎo
動 邪魔をする、（他人の家に）お邪魔する
打搅 dǎjiǎo

□398
分配
fēnpèi
動 分配する、（仕事や任務などを）割り当てる、配分する

□399
平均
píngjūn
動 平均する
形 均等である

□400 獲
获得
huòdé
動 獲得する、得る
得到 dé▾dào

24日目 024
Quick Review
答えは次頁

□科	□商业	□顾客	□业务
□工业	□职业	□名牌儿	□任务
□农业	□生意	□产品	□项目
□事业	□合同	□手工	□政策

Check 2

081

有关部门发出了节约能源的通知。
Yǒuguān bùmén fāchūle jiéyuē néngyuán de tōngzhī.
関係部門はエネルギー節約の通知を出しました。

举办奥运会可以促进各国之间的交流。
Jǔbàn Àoyùnhuì kěyǐ cùjìn gè guó zhījiān de jiāoliú.
オリンピックの開催は、各国間の交流を促進できます。

他去年被调到东京去了。
Tā qùnián bèi diàodào Dōngjīng qù le.
彼は去年東京に異動になりました。

他有时控制不住自己的情绪。
Tā yǒushí kòngzhìbuzhù zìjǐ de qíngxù.
彼は時々自分の感情を抑えることができません。

他工作很忙，我不好意思打扰他。
Tā gōngzuò hěn máng, wǒ bù hǎoyìsi dǎrǎo tā.
彼は仕事が忙しいので、邪魔をするのは申し訳ないです。

你们大学怎么分配新生宿舍?
Nǐmen dàxué zěnme fēnpèi xīnshēng sùshè?
あなたの大学は新入生にどのように宿舎を分配しますか。

你每周平均工作几个小时? **Nǐ měi zhōu píngjūn gōngzuò jǐ ge xiǎoshí?** あなたは毎週平均何時間働いていますか。
有时多有时少，数量不平均。 **Yǒushí duō yǒushí shǎo, shùliàng bù píngjūn.** 多いときもあれば少ないときもあり、数は平均していません。

他的小说获得了读者的好评。
Tā de xiǎoshuō huòdéle dúzhě de hǎopíng.
彼の小説は読者の好評を博しました。

- □ 課
- □ 工業
- □ 農業
- □ 事業
- □ 商業
- □ 職業
- □ 商売
- □ 契約
- □ 顧客
- □ ブランド
- □ 製品
- □ 手仕事
- □ 業務
- □ 任務
- □ プロジェクト
- □ 政策

動詞11

Check 1 026

□ 401
取
qǔ
動 取る、受け取る

□ 402
掉
diào
動 落ちる、落とす

□ 403
失去
shīqù
動 失う、なくす

□ 404
接受
jiēshòu
動 受け入れる、認める

□ 405
受
shòu
動 受ける、被る

□ 406 ✎絶
拒绝
jùjué
動（要望・意見・贈り物などを）断る、拒絶する

□ 407
独立
dúlì
動 独立する、（他人に頼らず）単独で行う
副 独力 dúlì（独力で）

□ 408 ✎開
召开
zhàokāi
動（会議を）召集する

继续
▼

“报名”は学校の試験や、仕事の応募など使う機会が多い単語です。

Check 2 082

我先回饭店取行李，然后去机场。
Wǒ xiān huí fàndiàn qǔ xíngli, ránhòu qù jīchǎng.
私はまずホテルに荷物を取りに戻ってから空港へ行きます。

你的手机掉在地上了。
Nǐ de shǒujī diàozài dìshang le.
あなたの携帯電話が床に落ちましたよ。

即使高考失败，也不要失去信心。
Jíshǐ gāokǎo shībài, yě búyào shīqù xìnxīn.
たとえ大学入試に失敗しても、自信をなくさないで。

市长最后接受了市民提出的意见。
Shìzhǎng zuìhòu jiēshòule shìmín tíchū de yìjian.
市長は最後には市民が提出した意見を受け入れました。

小时候因为家里穷，他受了不少苦。
Xiǎo shíhou yīnwei jiā li qióng, tā shòule bù shǎo kǔ.
小さい頃、家が貧しかったため、彼はたくさんつらい目に遭いました。

我拒绝了他的邀请。
Wǒ jùjuéle tā de yāoqǐng.
私は彼の要請を断りました。

他们部门后来从公司独立出来了。
Tāmen bùmén hòulái cóng gōngsī dúlìchulai le.
彼らの部門は後に会社から独立しました。

明天下午召开全体职工大会。
Míngtiān xiàwǔ zhàokāi quántǐ zhígōng dàhuì.
明日の午後、従業員総会が召集されます。

继续
▼

動詞11

Check 1

026

□ 409 ✎報
报名
bào▾míng
動（団体や機関に）申し込む、応募する

□ 410 ✎準
批准
pī▾zhǔn
動 承認する、同意する

□ 411 ✎採
采取
cǎiqǔ
! 動（方針、政策、措置、手段などを）講じる、採る

□ 412 ✎採
采用
cǎiyòng
動 採用する、取り入れる

□ 413
制定
zhìdìng
動（法律、規則、計画などを）制定する

□ 414 ✎規
规定
guīdìng
動 規定する、定める
名 規定

□ 415 ✎開
公开
gōngkāi
動 公表する、発表する
形 公開の、おおっぴらな
⇔ 秘密 mìmì（秘密、秘密の）

□ 416 ✎選挙
选举
xuǎnjǔ
動 選出する、選挙する

25日目 025
Quick Review
答えは次頁

□ 约	□ 依靠	□ 发出	□ 打扰
□ 代	□ 求	□ 促进	□ 分配
□ 代替	□ 请求	□ 调	□ 平均
□ 允许	□ 推动	□ 控制	□ 获得

欢迎大家报名参加！
Huānyíng dàjiā bàomíng cānjiā!
皆さんの参加申し込みをお待ちしています！

上级批准我出国进修了。
Shàngjí pīzhǔn wǒ chūguó jìnxiū le.
上司は私が海外で研修することに同意しました。

为了保护环境，政府采取了一系列措施。
Wèile bǎohù huánjìng, zhèngfǔ cǎiqǔle yíxìliè cuòshī.
環境を保護するため、政府は一連の措置を講じました。

这学期老师采用了新的教学方法。
Zhè xuéqī lǎoshī cǎiyòngle xīn de jiàoxué fāngfǎ.
今学期、先生は新しい教授法を採用しました。

政府制定了新的劳动法。
Zhèngfǔ zhìdìngle xīn de láodòngfǎ.
政府は新しい労働法を制定しました。

新的制度规定公共场所不能抽烟。Xīn de zhìdù guīdìng gōnggòng chǎngsuǒ bù néng chōu yān. 新しい制度は公共の場所では禁煙と規定しています。
按照规定，他不能参加比赛。Ànzhào guīdìng, tā bù néng cānjiā bǐsài. 規定により、彼は試合に参加できません。

这次事故的详细情况还不能公开。Zhè cì shìgù de xiángxì qíngkuàng hái bù néng gōngkāi. 今回の事故の詳細はまだ明らかにできません。
他对这件事公开表示反对。Tā duì zhè jiàn shì gōngkāi biǎoshì fǎnduì. 彼はこの件について公然と反対を表明しました。

他们明天选举新市长。
Tāmen míngtiān xuǎnjǔ xīn shìzhǎng.
彼らは明日新しい市長を選出します。

□ 約束する
□ 代わる
□ 代替する
□ 許す

□ 頼みにする
□ 頼む
□ 頼む
□ 推し進める

□ (命令や指示を)出す
□ 促進する
□ 異動する
□ 制御する

□ 邪魔をする
□ 分配する
□ 平均する
□ 獲得する

動詞12

Check 1

🎧 027

□ 417 ✎選

选

xuǎn

動 選ぶ、選択する

□ 418 ✎従

服从

fúcóng

動 従う、服従する

□ 419

遵守

zūnshǒu

動 遵守する

□ 420

配合

pèihé

! 動 力を合わせる、歩調を合わせる

□ 421 ✎団結

团结

tuánjié

動 団結する、結束する

形 仲が良い

□ 422

成立

chénglì

! 動 設立する、誕生する

□ 423

建立

jiànlì

! 動 打ち立てる、形成する、確立する

□ 424 ✎構

构成

gòuchéng

動 構成する、つくり上げる

名 構成

继续
▼

“恭喜”は“发财 fā▾cái”と組み合わせ、「お金持ちになれますように」と新年のあいさつで使われることもあります。

Check 2

🎧 083

我们选他当班长。
Wǒmen xuǎn tā dāng bānzhǎng.
我々は彼を班長に選びました。

民主制度的原则是少数服从多数。
Mínzhǔ zhìdù de yuánzé shì shǎoshù fúcóng duōshù.
民主制度の原則は少数が多数に従うことです。

不管是谁，都要遵守法律。
Bùguǎn shì shéi, dōu yào zūnshǒu fǎlǜ.
誰であろうと法律を守らなければいけません。

你要配合我的工作。
Nǐ yào pèihé wǒ de gōngzuò.
私の仕事に協力してもらいたいです。

只有大家团结起来才能把工作干好。 **Zhǐyǒu dàjiā tuánjiéqilai cái néng bǎ gōngzuò gànhǎo.** 皆が団結してこそ仕事をやり遂げることができます。
我们班同学很团结。 **Wǒmen bān tóngxué hěn tuánjié.**
私たちのクラスは仲が良いです。

这家科技公司刚成立不久。
Zhè jiā kējì gōngsī gāng chénglì bùjiǔ.
このテクノロジー企業は設立されたばかりです。

两国建立了友好往来关系。
Liǎng guó jiànlìle yǒuhǎo wǎnglái guānxi.
両国は友好的な往来関係を確立しました。

他们的行为已经构成了经济犯罪。 **Tāmen de xíngwéi yǐjīng gòuchéngle jīngjì fànzuì.** 彼らの行為はすでに経済犯罪となりました。
我们研究所的人员构成还不合理。 **Wǒmen yánjiūsuǒ de rényuán gòuchéng hái bù hélǐ.** 我々の研究所の人員構成はまだ合理的ではありません。

继续
▼

動詞12

Check 1

🎧027

□ 425 ✎記
登记
dēng▼jì
! 動 登録する、登記する、チェックインする

□ 426 ✎慶
庆祝
qìngzhù
動 祝う

□ 427 ✎過
过年
guò▼nián
動 新年を祝う、年を越す

□ 428
恭喜
gōngxǐ
動 おめでとう
≒ 祝贺 zhùhè

□ 429 ✎紀念
纪念
jìniàn
動 記念する
名 記念品

□ 430
合作
hézuò
動 協力する、提携する、合作する
≒ 协作 xiézuò

□ 431 ✎請
请教
qǐngjiào
動 教えを請う

□ 432 ✎関
关照
guānzhào
動 面倒を見る
≒ 照顾 zhàogu

26日目🎧026
Quick Review
答えは次頁

□ 取	□ 受	□ 报名	□ 制定
□ 掉	□ 拒绝	□ 批准	□ 规定
□ 失去	□ 独立	□ 采取	□ 公开
□ 接受	□ 召开	□ 采用	□ 选举

Check 2

083

请大家先到前台登记一下。

Qǐng dàjiā xiān dào qiántái dēngjì yíxià.

皆さんまずフロントで登録してください。

全校师生共同庆祝大学成立一百周年。

Quánxiào shīshēng gòngtóng qìngzhù dàxué chénglì yìbǎi zhōunián.

全校の教師と学生が共に大学創立百周年を心から祝いました。

不管多远，中国人都要回家过年。

Bùguǎn duō yuǎn, Zhōngguórén dōu yào huí jiā guònián.

どんなに遠くても中国人は故郷に帰って新年を祝いたいのです。

恭喜你得了第一名。

Gōngxǐ nǐ déle dì-yī míng.

1 等おめでとうございます。

端午节是纪念谁的节日？ **Duānwǔjié shì jìniàn shéi de jiérì?**

端午の節句は誰を記念する節句ですか。

我们来照张纪念照吧。 **Wǒmen lái zhào zhāng jìniàn zhào ba.**

写真を 1 枚撮って記念にしましょう。

我希望双方能够继续合作下去。

Wǒ xīwàng shuāngfāng nénggòu jìxù hézuòxiaqu.

私は双方が引き続き協力してほしいと願っています。

我要向你请教一个问题。

Wǒ yào xiàng nǐ qǐngjiào yí ge wèntí.

私はあなたに 1 つ教えてもらいたいことがあります。

今后请多关照。

Jīnhòu qǐng duō guānzhào.

今後ともどうぞよろしくお願いいたします。

□ 取る	□ 受ける	□ (団体や機関に)申し込む	□ (法律、規則、計画などを)制定する
□ 落ちる	□ (要望・意見・贈り物などを)断る	□ 承認する	□ 規定する
□ 失う	□ 独立する	□ (方針、政策、措置、手段などを)講じる	□ 公表する
□ 受け入れる	□ (会議を)召集する	□ 採用する	□ 選出する

28日目 形容詞4

Check 1 028

☐ 433 ✎勇敢
勇敢
yǒnggǎn
形 勇敢である

☐ 434 ✎勇
英勇
yīngyǒng
形 勇敢である、勇ましい
戦いに関連する文でよく使われる

☐ 435 ✎栄
光荣
guāngróng
形 光栄である

☐ 436
迅速
xùnsù
形 迅速である、素早い、急速である

☐ 437 ✎妙
巧妙
qiǎomiào
形 巧妙である、うまい

☐ 438 ✎練
熟练
shúliàn
形 熟練した、上手な

☐ 439
流利
liúlì
形 流暢である、滑らかである

☐ 440 ✎実
实在
shízài
! 形 まじめな、うそ偽りがない、本物の
副 確かに、本当に、その実

继续
▼

"有意思"、"有趣"、"好玩儿"…いずれも「おもしろい」の意味です。使う場面の違いも確認しておきましょう。

Check 2

084

他是一个勇敢的人。
Tā shì yí ge yǒnggǎn de rén.
彼は勇敢な人です。

他们和侵略者做了英勇的斗争。
Tāmen hé qīnlüèzhě zuòle yīngyǒng de dòuzhēng.
彼らは侵略者と勇ましい戦いをしました。

我们要发扬热爱祖国的光荣传统。
Wǒmen yào fāyáng rè'ài zǔguó de guāngróng chuántǒng.
我々は祖国を愛する栄えある伝統を発揚しなければいけません。

中国经济得到了迅速的发展。
Zhōngguó jīngjì dédàole xùnsù de fāzhǎn.
中国経済は急速な発展を遂げました。

他非常巧妙地回答了记者的问题。
Tā fēicháng qiǎomiào de huídále jìzhě de wèntí.
彼は記者の質問に非常にうまく答えました。

他已经成为了一名熟练的工人。
Tā yǐjīng chéngwéile yì míng shúliàn de gōngrén.
彼はすでに熟練工となりました。

他汉语说得非常流利。
Tā Hànyǔ shuōde fēicháng liúlì.
彼の中国語は非常に流暢です。

他这个人很实在。 **Tā zhège rén hěn shízài.**
彼という人はまじめです。
我实在不知道这有什么好玩儿的。 **Wǒ shízài bù zhīdào zhè yǒu shénme hǎowánr de.** 私は本当にこれの何がおもしろいのか分かりません。

继续
▼

形容詞4

Check 1

028

□ 441
地道
dìdao
! 形 **正真正銘の、本場の**
地道 dìdào（地下道）

□ 442
本来
běnlái
形 **もともとの、本来の**
副 もともと、本来
≒ 原来 yuánlái

□ 443 専門
专门
zhuānmén
形 **専門の**

□ 444 業
业余
yèyú
形 **アマチュアの、業余の、勤務時間外の**

□ 445 適
舒适
shūshì
形 **心地よい、快適な**

□ 446
有趣
yǒuqù
形 **おもしろい、興味がわく**
抽象的な事柄や、文章や作品などがおもしろいことに使われる

□ 447 児
好玩儿
hǎowánr
形 **おもしろい、楽しい**
遊ぶ場所、遊ぶものがおもしろいということに使われることが多い

□ 448 開
开心
kāixīn
形 **愉快である、楽しい**
動 気晴らしをする、からかう

27日目 027
Quick Review
答えは次頁

□ 选	□ 团结	□ 登记	□ 纪念
□ 服从	□ 成立	□ 庆祝	□ 合作
□ 遵守	□ 建立	□ 过年	□ 请教
□ 配合	□ 构成	□ 恭喜	□ 关照

Check 2

084

在哪儿能吃到地道的中国菜?
Zài nǎr néng chīdào dìdao de Zhōngguócài ?
本場の中国料理はどこで食べられますか。

这件衣服本来的颜色是红色。 Zhè jiàn yīfu běnlái de yánsè shì hóngsè. この服のもともとの色は赤色でした。
他今天本来不想来了。 Tā jīntiān běnlái bù xiǎng lái le.
彼は今日はもともと来たくありませんでした。

她是专门研究汉语的。
Tā shì zhuānmén yánjiū Hànyǔ de.
彼女は中国語研究を専門としています。

我是一个业余歌手。
Wǒ shì yí ge yèyú gēshǒu.
私はアマチュアの歌手です。

这个城市的生活很舒适。
Zhège chéngshì de shēnghuó hěn shūshì.
この町での生活は快適です。

我觉得这个节目很有趣。
Wǒ juéde zhège jiémù hěn yǒuqù.
私はこの番組はおもしろいと思います。

她喜欢旅行，哪儿好玩儿去哪儿。
Tā xǐhuan lǚxíng, nǎr hǎowánr qù nǎr.
彼女は旅行が好きで、おもしろいところがあればどこにでも行きます。

孩子们在操场上玩儿得真开心。 Háizimen zài cāochǎng shang wánrde zhēn kāixīn. 子供たちは運動場で本当に楽しそうに遊んでいます。
我们去喝杯酒开开心吧。 Wǒmen qù hē bēi jiǔ kāikai xīn ba.
1杯酒を飲みに行って気晴らしをしましょう。

□ 選ぶ	□ 団結する	□ 登録する	□ 記念する
□ 従う	□ 設立する	□ 祝う	□ 協力する
□ 遵守する	□ 打ち立てる	□ 新年を祝う	□ 教えを請う
□ 力を合わせる	□ 構成する	□ おめでとう	□ 面倒を見る

まとめて覚えよう − SNS 関連

社交网站	shèjiāo wǎngzhàn	SNS(ソーシャル・ネットワーキング・サービス)
微信	Wēixìn	WeChat (中国版LINE)
微博	Wēibó	Weibo (中国版ツイッターアプリ)
分享	fēnxiǎng	シェアする
发布	fābù	投稿する
关注	guānzhù	フォロー(する)
粉丝	fěnsī	フォロワー
转发	zhuǎnfā	リツイートする
发送	fāsòng	送信する
回复	huífù	返答する
点赞	diǎnzàn	いいね
评论	pínglùn	コメント
朋友圈	péngyouquān	タイムライン
通讯录	tōngxùnlù	アドレス帳
收藏	shōucáng	お気に入り
表情	biǎoqíng	アイコン、スタンプ
群聊	qúnliáo	グループチャット
扫	sǎo	スキャンする
二维码	èrwéimǎ	QRコード
设置	shèzhì	セットアップ

キクタン中国語

5週目

✓学習したらチェック！

- ■ 29日目 名詞13
- ■ 30日目 名詞14
- ■ 31日目 名詞15
- ■ 32日目 動詞13
- ■ 33日目 動詞14
- ■ 34日目 形容詞5
- ■ 35日目 副詞1

中国語で言ってみよう！

今回の国際シンポジウムは大成功でした。

（答えは523）

名詞13

Check 1

029

□ 449 ✎零銭

零钱

língqián

名 小銭、小遣い

□ 450 ✎価

价格

jiàgé

名 価格、値段

□ 451 ✎価

物价

wùjià

名 物価

□ 452

利益

lìyì

名 利益

□ 453 ✎則

原则

yuánzé

名 原則
量 项 xiàng、个 ge、条 tiáo

□ 454

制度

zhìdù

名 制度
量 项 xiàng、个 ge、条 tiáo

□ 455

法律

fǎlǜ

名 法律

□ 456 ✎規

规律

guīlǜ

! 名 法則

继续 ▼

中国ではモバイル端末での電子決済が一般化しているので“零钱”を持つ人は少ないです。

Check 2

🎧 085

你有零钱吗?
Nǐ yǒu língqián ma?
小銭を持っていますか。

食品的价格越来越高了。
Shípǐn de jiàgé yuè lái yuè gāo le.
食品の価格がますます高くなってきました。

听说东京的物价很高。
Tīngshuō Dōngjīng de wùjià hěn gāo.
東京の物価は高いそうです。

做生意不能光贪图利益。
Zuò shēngyi bù néng guāng tāntú lìyì.
商売は利益をむさぼるばかりではだめです。

诚实是做人的基本原则。
Chéngshí shì zuòrén de jīběn yuánzé.
正直であることは人間の基本原則です。

中国的教育制度进行了改革。
Zhōngguó de jiàoyù zhìdù jìnxíngle gǎigé.
中国の教育制度は改革されました。

你这样做是违反法律的。
Nǐ zhèyàng zuò shì wéifǎn fǎlǜ de.
そんなふうにするのは法律違反です。

任何事物都是有一定规律的。
Rènhé shìwù dōu shì yǒu yídìng guīlǜ de.
いかなる物事にも皆一定の法則があります。

继续
▼

名詞13

Check 1

029

□ 457
外交
wàijiāo
名（国際間の）外交

□ 458
礼貌
lǐmào
名 礼儀、マナー
形 礼儀正しい

□ 459 ✎種
品种
pǐnzhǒng
名 品種、種類

□ 460 ✎種類
种类
zhǒnglèi
名 種類

□ 461
成分
chéngfèn
名 成分

□ 462 ✎質
质量
zhìliàng
! 名 品質

□ 463
名片
míngpiàn
名 名刺
量 张 zhāng

□ 464
地位
dìwèi
名 地位

28日目 028
Quick Review
答えは次頁

□ 勇敢	□ 巧妙	□ 地道	□ 舒适
□ 英勇	□ 熟练	□ 本来	□ 有趣
□ 光荣	□ 流利	□ 专门	□ 好玩儿
□ 迅速	□ 实在	□ 业余	□ 开心

Check 2 085

小王在外交部工作。
Xiǎo-Wáng zài wàijiāobù gōngzuò.
王くんは外交部で働いています。

这个孩子很有礼貌。Zhège háizi hěn yǒu lǐmào.
この子はとても礼儀正しいです。

这么说话对人很不礼貌。Zhème shuōhuà duì rén hěn bù lǐmào.
そんなふうに話すのは人に対して失礼です。

市场上葡萄的品种很丰富。
Shìchǎng shang pútao de pǐnzhǒng hěn fēngfù.
市場ではブドウの種類が豊富です。

这里的衣服价格便宜，种类还多。
Zhèli de yīfu jiàgé piányi, zhǒnglèi hái duō.
ここの服の値段は安くて、種類も多いです。

快餐食品里的添加成分很多，对健康不好。
Kuàicān shípǐn li de tiānjiā chéngfèn hěn duō, duì jiànkāng bù hǎo.
ファストフードの添加物は多く、健康に良くありません。

这双鞋的质量真好。
Zhè shuāng xié de zhìliàng zhēn hǎo.
この靴の品質は本当に良いです。

我叫李明，这是我的名片。
Wǒ jiào Lǐ Míng, zhè shì wǒ de míngpiàn.
李明と申します、これは私の名刺です。

他在公司里的地位很高。
Tā zài gōngsī li de dìwèi hěn gāo.
彼は会社での地位が高いです。

□ 勇敢である	□ 巧妙である	□ 正真正銘の	□ 心地よい
□ 勇敢である	□ 熟練した	□ もともとの	□ おもしろい
□ 光栄である	□ 流暢である	□ 専門の	□ おもしろい
□ 迅速である	□ まじめな	□ アマチュアの	□ 愉快である

名詞14

Check 1

030

□ 465 ✎肩
肩
jiān
名 肩
書 肩膀 jiānbǎng

□ 466
胳膊
gēbo
名 腕
量 个 ge、条 tiáo、(片方なら) 只 zhī、(両方なら) 双 shuāng

□ 467
手指
shǒuzhǐ
名 手の指
量 个 ge、根 gēn

□ 468
腰
yāo
名 腰

□ 469
心
xīn
名 心臓、心、中心
量 颗 kē、个 ge、条 tiáo、片 piàn

□ 470 ✎臓
心脏
xīnzàng
名 心臓
量 颗 kē

□ 471
胸
xiōng
名 胸、心

□ 472
胃
wèi
名 胃、胃袋

继续 ▼

中国語の"颜色"は「色」、日本語の「顔色」は中国語では"脸色"となります。こういったズレには注意が必要です。

Check 2

086

他肩上背着一个大书包。

Tā jiān shang bēizhe yí ge dà shūbāo.

彼は肩に大きなかばんを背負っています。

我昨天搬家累坏了，今天胳膊还疼呢。

Wǒ zuótiān bānjiā lèihuài le, jīntiān gēbo hái téng ne.

私は昨日引っ越しで疲れ果てて、今日は腕がまだ痛いです。

她的手指又细又长。

Tā de shǒuzhǐ yòu xì yòu cháng.

彼女の指は細くて長いです。

最近奶奶的腰不太好。

Zuìjìn nǎinai de yāo bú tài hǎo.

最近祖母の腰はあまり良くありません。

听到这个消息，我的心都跳起来了。

Tīngdào zhège xiāoxi, wǒ de xīn dōu tiàoqilai le.

その知らせを聞いて、私の心臓はドキドキし始めました。

他的心脏一直不太好。

Tā de xīnzàng yìzhí bú tài hǎo.

彼の心臓はずっとあまり良くありません。

职工们的胸前都有一个名牌。

Zhígōngmen de xiōng qián dōu yǒu yí ge míngpái.

職員の胸には皆名札がついています。

我最近胃不舒服，什么也不想吃。

Wǒ zuìjìn wèi bù shūfu, shénme yě bù xiǎng chī.

最近胃の調子が悪くて、何も食べたくありません。

继续
▼

名詞14

Check 1

🎧 030

□ 473
汗
hàn
名 汗
量 滴 dī

□ 474 ✎膚
皮肤
pífū
名 皮膚、肌

□ 475 ✎骨頭
骨头
gǔtou
名 骨
量 块 kuài、根 gēn

□ 476 ✎涙
眼泪
yǎnlèi
名 涙
量 串 chuàn、行 háng、滴 dī

□ 477
声
shēng
名 声、音
量 (音声を出す回数を数える)
🔲 歌声 gēshēng(歌声)、笑声 xiàoshēng(笑い声)、大声 dàshēng(大声)

□ 478 ✎臉
脸色
liǎnsè
名 顔色、表情

□ 479 ✎辺
身边
shēnbiān
名 身辺、身の回り、手元、懐

□ 480 ✎傷
伤
shāng
名 傷、けが
動 傷つける、傷める、痛める
量 处 chù、块 kuài、条 tiáo、道 dào

29日目 🎧 029
Quick Review
答えは次頁

□ 零钱 □ 原则 □ 外交 □ 成分
□ 价格 □ 制度 □ 礼貌 □ 质量
□ 物价 □ 法律 □ 品种 □ 名片
□ 利益 □ 规律 □ 种类 □ 地位

Check 2

🎧 086

今天太热了，大家都出了一身汗。
Jīntiān tài rè le, dàjiā dōu chūle yì shēn hàn.
今日は非常に暑く、皆全身汗びっしょりになりました。

在冬天尤其要注意保护皮肤。
Zài dōngtiān yóuqí yào zhùyì bǎohù pífū.
冬は特に皮膚の保護に気をつけなければいけません。

人体大概有二百多块骨头。
Réntǐ dàgài yǒu èrbǎi duō kuài gǔtou.
人体には約 200 個の骨があります。

他激动得流下了眼泪。
Tā jīdòngde liúxiàle yǎnlèi.
彼は感動のあまり涙を流しました。

请各位说话尽量小声一点儿。 Qǐng gè wèi shuōhuà jǐnliàng xiǎo shēng yìdiǎnr. 皆さんできるだけ小声で話してください。
你有事就和我说一声。 Nǐ yǒu shì jiù hé wǒ shuō yì shēng.
何か（困ったことが）あればひと声かけてください。

你要相信自己，不要老看别人的脸色。
Nǐ yào xiāngxìn zìjǐ, búyào lǎo kàn biéren de liǎnsè.
自分を信じなさい、人の顔色ばかりうかがってはいけません。

他一个人在这里工作，家人都不在身边。
Tā yí ge rén zài zhèli gōngzuò, jiārén dōu bú zài shēnbiān.
彼は 1 人でここで働いていて、家族は 1 人も身近にいません。

他身上有几处旧伤。 Tā shēn shang yǒu jǐ chù jiùshāng.
彼の体にはいくつか古傷があります。
请不要说这种伤感情的话。 Qǐng búyào shuō zhè zhǒng shāng gǎnqíng de huà. そんな感情を傷つけるような話をしないでください。

□ 小銭	□ 原則	□（国際間の）外交	□ 成分
□ 価格	□ 制度	□ 礼儀	□ 品質
□ 物価	□ 法律	□ 品種	□ 名刺
□ 利益	□ 法則	□ 種類	□ 地位

名詞15

Check 1

031

□ 481 ✎気
力气
lìqi
名 **力、体力、気力**
量 股 gǔ
≒ 力量 lìliang

□ 482 ✎個
个性
gèxìng
名 **個性、個別性、（物の）特性**

□ 483 ✎圧
压力
yālì
名 **圧力、ストレス**

□ 484 ✎動
动作
dòngzuò
名 **動作**

□ 485
精力
jīnglì
! 名 **精力、精神と体力**

□ 486 ✎覚
感觉
gǎnjué
名 **感覚**
! 動 感じる、～と思う、～のような気がする

□ 487
感情
gǎnqíng
名 **感情、気持ち**

□ 488 ✎愛
爱情
àiqíng
名 **愛情**

继续
▼

学歴社会の中国では、"恋爱"は、"高考 gāokǎo"が終わるまではお預けです。

Check 2

087

爷爷年纪大了，没有那么大力气了。
Yéye niánjì dà le, méiyǒu nàme dà lìqi le.
祖父は年をとり、そんなに強い力がなくなりました。

他是一个非常有个性的画家。
Tā shì yí ge fēicháng yǒu gèxìng de huàjiā.
彼はとても個性的な画家です。

你现在工作压力大吗?
Nǐ xiànzài gōngzuò yālì dà ma?
あなたは今、仕事のストレスが大きいですか。

她跳舞的动作非常优美。
Tā tiàowǔ de dòngzuò fēicháng yōuměi.
彼女のダンスの動作は非常に美しいです。

李经理的精力总是那么旺盛。
Lǐ jīnglǐ de jīnglì zǒngshì nàme wàngshèng.
李社長の精力はいつもあのようにおう盛です。

读了她的信我有一种很复杂的感觉。Dúle tā de xìn wǒ yǒu yì zhǒng hěn fùzá de gǎnjué. 彼女の手紙を読んで私はとても複雑な思いがしました。
我感觉她的责任心很强。Wǒ gǎnjué tā de zérènxīn hěn qiáng.
彼女の責任感はとても強いと私は感じました。

他们的感情很深。
Tāmen de gǎnqíng hěn shēn.
彼らの感情は深いです。

我还不懂什么是爱情。
Wǒ hái bù dǒng shénme shì àiqíng.
私はまだ何が愛情か分かっていません。

继续
▼

名詞15

Check 1

🎧 031

□ 489 ✎恋愛
恋爱
liàn'ài
名 **恋愛**
動 恋愛する

□ 490 ✎語気
语气
yǔqì
名 **口ぶり、話しぶり**

□ 491 ✎気
口气
kǒuqì
名 **口調、語気、言外の意味、口ぶり、ニュアンス**

□ 492
心理
xīnlǐ
名 **心理、心、気持ち**

□ 493
精神
jīngshén
名 **精神**

□ 494
主意
zhǔyi
名 **意見、考え**
名 主义 zhǔyì（主義）
口語では zhúyi とも読む

□ 495 ✎願
愿望
yuànwàng
名 **願望、望み**

□ 496
意志
yìzhì
名 **意志**

30日目 🎧 030
Quick Review
答えは次頁

□ 肩 □ 胳膊 □ 手指 □ 腰
□ 心 □ 心脏 □ 胸 □ 胃
□ 汗 □ 皮肤 □ 骨头 □ 眼泪
□ 声 □ 脸色 □ 身边 □ 伤

Check 2

087

他们俩谈了八年的恋爱才结婚。
Tāmen liǎ tánle bā nián de liàn'ài cái jiéhūn.
彼ら２人は８年間の恋愛のすえようやく結婚しました。

听他的语气，好像生气了。
Tīng tā de yǔqì, hǎoxiàng shēngqì le.
彼の口ぶりを聞くと、怒っているようです。

听你的口气，这件事好像很难办。
Tīng nǐ de kǒuqì, zhè jiàn shì hǎoxiàng hěn nánbàn.
君の口調からすると、この件は難しそうです。

你要关注一下他的心理健康。
Nǐ yào guānzhù yíxià tā de xīnlǐ jiànkāng.
あなたは彼の心の健康に注意しなければいけません。

考试的时候我精神特别紧张。
Kǎoshì de shíhou wǒ jīngshén tèbié jǐnzhāng.
試験のとき、私は特に緊張します。

你这个主意不错，可以试一试。
Nǐ zhège zhǔyi búcuò, kěyǐ shì yi shì.
君のこの考えは良いから、ちょっと試してみましょう。

为了实现这个愿望，我要继续努力学好汉语。
Wèile shíxiàn zhège yuànwàng, wǒ yào jìxù nǔlì xuéhǎo Hànyǔ.
この望みを実現するため、引き続き努力して中国語をマスターしたいです。

李明的意志很坚定。
Lǐ Míng de yìzhì hěn jiāndìng.
李明の意志は固いです。

□ 肩	□ 心臓	□ 汗	□ 声
□ 腕	□ 心臓	□ 皮膚	□ 顔色
□ 手の指	□ 胸	□ 骨	□ 身辺
□ 腰	□ 胃	□ 涙	□ 傷

32日目 動詞13

Check 1

🎧 032

□ 497 ✎証 **保证** bǎozhèng	動 保証する、請け合う 名 保証
□ 498 **担任** dānrèn	! 動 担当する、担う
□ 499 ✎負責 **负责** fùzé	動 責任を負う、責任を持つ 形 責任感がある
□ 500 ✎従 **从事** cóngshì	動 従事する、たずさわる
□ 501 **退休** tuìxiū	動 退職する、定年になる
□ 502 ✎業 **失业** shī▾yè	動 失業する
□ 503 **管理** guǎnlǐ	動 管理する
□ 504 **管** guǎn	動 管理する、扱う、担当する

继续
▼

中国の"退休"年齢は男性が満60歳、女性は"干部"が満55歳、"工人"が満50歳と法令で定められています。

Check 2

088

别着急，我保证她今天会来。 Bié zháojí, wǒ bǎozhèng tā jīntiān huì lái. 焦らないでください、彼女が今日来ることを請け合います。

加入了医疗保险，生病时才有保证。 Jiārùle yīliáo bǎoxiǎn, shēngbìng shí cái yǒu bǎozhèng. 医療保険に加入してこそ、病気のときに保証があります。

他有能力担任这个职务。

Tā yǒu nénglì dānrèn zhège zhíwù.

彼にはこのポストを担当する能力があります。

他在公司里负责财务工作。 Tā zài gōngsī li fùzé cáiwù gōngzuò.

彼は会社で財務の仕事を担当しています。

他对自己的工作非常负责。 Tā duì zìjǐ de gōngzuò fēicháng fùzé.

彼は自分の仕事に対して非常に責任感があります。

吴老师从事汉语教学工作已经二十多年了。

Wú lǎoshī cóngshì Hànyǔ jiàoxué gōngzuò yǐjīng èrshí duō nián le.

呉先生は中国語教育の仕事に従事してもう 20 数年になります。

我妈妈三年前就退休了。

Wǒ māma sān nián qián jiù tuìxiū le.

私の母は 3 年前に退職しました。

公司破产后，爸爸失业了。

Gōngsī pòchǎn hòu, bàba shīyè le.

会社が倒産して、父は失業しました。

我的主要工作是管理图书。

Wǒ de zhǔyào gōngzuò shì guǎnlǐ túshū.

私の主な仕事は図書の管理です。

他经常出差，不怎么管家里的事。

Tā jīngcháng chūchāi, bù zěnme guǎn jiā li de shì.

彼はよく出張するので、家のことはかまっていられません。

继续
▼

動詞13

Check 1

032

□ 505 設計
设计
shèjì
動 **設計する、デザインする**
名 設計、デザイン

□ 506 設
建设
jiànshè
動 **建設する**

□ 507
建
jiàn
動 **建てる、建築する**

□ 508 製
制造
zhìzào
動 **製造する**

□ 509
造
zào
動 **造る**

□ 510
加工
jiā▼gōng
動 **加工する**

□ 511 種
种
zhòng
! 動 **植える、種をまく**
量 种 zhǒng（種類）
名 种 zhǒng（種）

□ 512 収穫
收获
shōuhuò
動 **収穫する**
名 収穫

146 ▸ 147

31日目 031
Quick Review
答えは次頁

□力气	□精力	□恋爱	□精神
□个性	□感觉	□语气	□主意
□压力	□感情	□口气	□愿望
□动作	□爱情	□心理	□意志

Check 2 　088

她设计了一套新的运动服。Tā shèjìle yí tào xīn de yùndòngfú.
彼女は新しいスポーツウェアをデザインしました。
这座大楼的设计很合理。Zhè zuò dàlóu de shèjì hěn hélǐ.
このビルの設計は合理的です。

我们的理想是建设一个平等的社会。
Wǒmen de lǐxiǎng shì jiànshè yí ge píngděng de shèhuì.
我々の理想は平等な社会を建設することです。

这个房子建了半年还没建完。
Zhège fángzi jiànle bàn nián hái méi jiànwán.
この家は着工して半年ですが、まだ完成していません。

这台电视机是中国制造的。
Zhè tái diànshìjī shì Zhōngguó zhìzào de.
このテレビは中国製です。

这条船是韩国造的。
Zhè tiáo chuán shì Hánguó zào de.
この船は韓国製です。

他们公司的主要业务是加工农产品。
Tāmen gōngsī de zhǔyào yèwù shì jiāgōng nóngchǎnpǐn.
彼らの会社の主な業務は農産品の加工です。

你打算在院子里种什么花?
Nǐ dǎsuan zài yuànzi li zhòng shénme huā?
あなたは庭にどんな花を植えるつもりですか。

春天播种，秋天收获。Chūntiān bōzhǒng, qiūtiān shōuhuò.
春に種をまき、秋に収穫します。
这次去中国旅行，我的收获很大。Zhè cì qù Zhōngguó lǚxíng, wǒ de shōuhuò hěn dà.　今回中国へ旅行して、得たものは大きいです。

□ 力　□ 精力　□ 恋愛　□ 精神
□ 個性　□ 感覚　□ □ぶり　□ 意見
□ 圧力　□ 感情　□ □調　□ 願望
□ 動作　□ 愛情　□ 心理　□ 意志

動詞14

Check 1

033

□ 513 ✎営業
营业
yíngyè
動 営業する

□ 514 ✎務
服务
fúwù
動 サービスする、奉仕する

□ 515 ✎購
购物
gòuwù
動 買い物をする
購物中心 gòuwù zhōngxīn（ショッピングセンター）

□ 516 ✎費
消费
xiāofèi
動 消費する

□ 517 ✎節約
节约
jiéyuē
動 節約する
≒ 节省 jiéshěng

□ 518 ✎損
损失
sǔnshī
動 損害を受ける
名 損失

□ 519 ✎賠
赔
péi
動 償う、弁償する、賠償する

□ 520
存
cún
動 預ける、保存する、蓄える、貯蓄する
⇔ 取 qǔ（引き出す）
存钱 cún qián（預金する）
取钱 qǔ qián（お金を引き出す）

继续 ▼

“为人民服务”（人民に奉仕する）は有名な政治スローガンですね。“百度”のストリートビューで看板を探してみよう。

Check 2

089

这家商店下个月开始营业。
Zhè jiā shāngdiàn xià ge yuè kāishǐ yíngyè.
この商店は来月から営業を始めます。

为用户服务是我们的责任。
Wèi yònghù fúwù shì wǒmen de zérèn.
ユーザーのためにサービスするのは我々の責任です。

现在年轻人喜欢在网上购物。
Xiànzài niánqīngrén xǐhuan zài wǎng shang gòuwù.
現在若者はネットで買い物をするのが好きです。

这一顿饭我们消费了七百多元。
Zhè yí dùn fàn wǒmen xiāofèile qībǎi duō yuán.
私たちはこの食事で700元あまりを消費しました。

每年可以节约百分之二十左右的成本。
Měi nián kěyǐ jiéyuē bǎi fēn zhī èrshí zuǒyòu de chéngběn.
毎年約20パーセントのコスト削減が可能です。

去年他的公司损失了三亿美元。 Qùnián tā de gōngsī sǔnshīle sān yì měiyuán. 昨年彼の会社は3億ドルの損をしました。

由于投资失败，公司损失惨重。 Yóuyú tóuzī shībài, gōngsī sǔnshī cǎnzhòng. 投資の失敗で、会社は大きな損失を被りました。

教室的玻璃是我打破的，我来赔。
Jiàoshì de bōli shì wǒ dǎpò de, wǒ lái péi.
教室のガラスは私が割ったので、私が弁償します。

你存定期的，还是存活期的？
Nǐ cún dìngqī de, háishi cún huóqī de?
定期預金ですか、普通預金ですか。

继续
▼

動詞14

Check 1

033

□ 521 ✎换

交换
jiāohuàn

動 交換する、取り交わす

□ 522 ✎收

收入
shōurù

動 収める
名 収入

□ 523

成功
chénggōng

動 成功する
形 成功した
⇔ 失败 shībài

□ 524 ✎败

失败
shībài

動 失敗する、負ける
名 敗北、失敗
⇔ 成功 chénggōng（成功する）
⇔ 胜利 shènglì（勝つ）

□ 525 ✎害

危害
wēihài

動 危害を及ぼす

□ 526 ✎污

污染
wūrǎn

動 汚染する、汚す

□ 527

防止
fángzhǐ

動 防止する

□ 528 ✎免

避免
bìmiǎn

動 避ける、免れる、防止する

32日目 032
Quick Review
答えは次頁

□ 保证	□ 退休	□ 设计	□ 造
□ 担任	□ 失业	□ 建设	□ 加工
□ 负责	□ 管理	□ 建	□ 种
□ 从事	□ 管	□ 制造	□ 收获

Check 2

089

我们见面时交换了一下名片。
Wǒmen jiànmiàn shí jiāohuànle yíxià míngpiàn.
私たちは会ったときに名刺を交換しました。

书中收入了很多历史照片。Shū zhōng shōurùle hěn duō lìshǐ zhàopiàn. 本の中には多くの歴史的な写真が収められています。

以前教师的收入不是很高。Yǐqián jiàoshī de shōurù bú shì hěn gāo.
以前は教師の収入は高くありませんでした。

在多次失败之后，试验终于成功了。Zài duō cì shībài zhīhòu, shìyàn zhōngyú chénggōng le. 何度もの失敗の後、実験はついに成功しました。

这次国际研讨会开得十分成功。Zhè cì guójì yántǎohuì kāide shífēn chénggōng. 今回の国際シンポジウムは大成功でした。

我今天试着做蛋糕，但是失败了。
Wǒ jīntiān shìzhe zuò dàngāo, dànshì shībài le.
今日試しにケーキを作ったが、失敗しました。

吸烟危害健康。
Xī yān wēihài jiànkāng.
喫煙は健康を害します。

这条河被那家造纸厂污染了。
Zhè tiáo hé bèi nà jiā zàozhǐchǎng wūrǎn le.
この川はその製紙工場に汚染されました。

为了防止出事故，开车时绝对不能玩儿手机。
Wèile fángzhǐ chū shìgù, kāichē shí juéduì bù néng wánr shǒujī.
事故防止のため、運転中は絶対に携帯電話をしてはいけません。

你要尽量避免和邻居发生矛盾。
Nǐ yào jǐnliàng bìmiǎn hé línjū fāshēng máodùn.
近所とのいざこざはできるだけ避けるようにしなければいけません。

- □ 保証する
- □ 担当する
- □ 責任を負う
- □ 従事する
- □ 退職する
- □ 失業する
- □ 管理する
- □ 管理する
- □ 設計する
- □ 建設する
- □ 建てる
- □ 製造する
- □ 造る
- □ 加工する
- □ 植える
- □ 収穫する

34日目 形容詞5

Check 1 034

□ 529
平静
píngjìng
形 落ち着いている

□ 530
平安
píng'ān
形 無事である、平安である

□ 531
安全
ānquán
形 安全である
名 安全
⇔ 危险 wēixiǎn（危険である）

□ 532 ✎無
无聊
wúliáo
形 つまらない、退屈である、くだらない

□ 533 ✎閑
闲
xián
形 暇である、休んでいる
⇔ 忙 máng（忙しい）

□ 534
痛
tòng
形 痛い
≒ 疼 téng

□ 535
痛苦
tòngkǔ
形 苦しい、痛い
⇔ 快乐 kuàilè（楽しい）

□ 536 ✎傷
伤心
shāng▾xīn
形 悲しい

继续 ▼

愛情をこめて、恋人や配偶者に呼びかけるときには"亲爱的"と言います。

Check 2

🎧 090

我的心终于平静下来了。
Wǒ de xīn zhōngyú píngjìngxialai le.
私の心はようやく落ち着いてきました。

祝你一路平安！
Zhù nǐ yílù píng'ān!
道中ご無事で！

这一带夜里不太安全。Zhè yídài yèli bú tài ānquán.
この一帯は夜はあまり安全ではありません。
夜晚开车要注意安全。Yèwǎn kāichē yào zhùyì ānquán.
夜間の運転は安全に注意しなければいけません。

那个电视节目太无聊了。
Nàge diànshì jiémù tài wúliáo le.
そのテレビ番組は非常につまらないです。

我最近很闲，因为我失业了。
Wǒ zuìjìn hěn xián, yīnwei wǒ shīyè le.
私は最近暇です、というのは失業したから。

我今天胃有点儿痛。
Wǒ jīntiān wèi yǒudiǎnr tòng.
私は今日胃が少し痛いです。

承认自己的错误是一件很痛苦的事情。
Chéngrèn zìjǐ de cuòwù shì yí jiàn hěn tòngkǔ de shìqing.
自分の過ちを認めるのはとてもつらいことです。

一想起那件事，她就非常伤心。
Yì xiǎngqǐ nà jiàn shì, tā jiù fēicháng shāngxīn.
そのことを思い出すと、彼女は非常に悲しいです。

继续
▼

Check 1

🎧 034

☐ 537 ✎艱
艰苦
jiānkǔ
形 苦しい、困難に満ちた
≒ 坚苦 jiānkǔ

☐ 538 ✎労
疲劳
píláo
形 疲れている

☐ 539
良好
liánghǎo
形 良好である、良い

☐ 540 ✎優
优良
yōuliáng
形 優良である

☐ 541
美好
měihǎo
形 美しい、良い、素晴らしい

☐ 542 ✎優
优美
yōuměi
形 優美である

☐ 543 ✎聴
好听
hǎotīng
形 (聞いて)心地よい、美しい、素晴らしい
関 好看 hǎokàn ([見て]素晴らしい)

☐ 544 ✎親愛
亲爱
qīn'ài
形 親愛なる、いとしい

33日目🎧033
Quick Review
答えは次頁

☐ 营业	☐ 节约	☐ 交换	☐ 危害
☐ 服务	☐ 损失	☐ 收入	☐ 污染
☐ 购物	☐ 赔	☐ 成功	☐ 防止
☐ 消费	☐ 存	☐ 失败	☐ 避免

Check 2

090

那个地区的生活太艰苦了。
Nàge dìqū de shēnghuó tài jiānkǔ le.
あの地区の生活はあまりにも苦しいです。

他由于过度疲劳生病了。
Tā yóuyú guòdù píláo shēngbìng le.
彼は過労で病気になりました。

她从小就受到了良好的教育。
Tā cóngxiǎo jiù shòudàole liánghǎo de jiàoyù.
彼女は小さい頃から良い教育を受けていました。

尊老爱幼是我们的优良传统。
Zūn lǎo ài yòu shì wǒmen de yōuliáng chuántǒng.
年上を敬い子供を愛するのは私たちの良い伝統です。

在日本的访问给我留下了美好的回忆。
Zài Rìběn de fǎngwèn gěi wǒ liúxiàle měihǎo de huíyì.
日本への訪問は私に美しい思い出を残してくれました。

桂林的风景非常优美。
Guìlín de fēngjǐng fēicháng yōuměi.
桂林の風景は非常に美しいです。

这首歌太好听了。
Zhè shǒu gē tài hǎotīng le.
この歌は実に素晴らしいです。

亲爱的朋友们，你们好！
Qīn'ài de péngyoumen, nǐmen hǎo!
親愛なる友人の皆さん、こんにちは！

- ☐ 営業する
- ☐ サービスする
- ☐ 買い物をする
- ☐ 消費する
- ☐ 節約する
- ☐ 損害を受ける
- ☐ 償う
- ☐ 預ける
- ☐ 交換する
- ☐ 収める
- ☐ 成功する
- ☐ 失敗する
- ☐ 危害を及ぼす
- ☐ 汚染する
- ☐ 防止する
- ☐ 避ける

35日目 副詞1

Check 1

🎧035

□ 545 **可** kě	❗ 副（強調を表す）確かに～する、きっと～すべきである
□ 546 **却** què	副 かえって、～にもかかわらず
□ 547 **故意** gùyì	副 わざと、故意に、ことさらに
□ 548 **千万** qiānwàn	❗ 副 くれぐれも、ぜひとも 📖 "千万别～ / 千万不要～ qiānwàn bié～ / qiānwàn búyào"（決して～するな）のように否定の形で用いることが多い
□ 549 ✏反 **反正** fǎnzheng	❗ 副 どうせ、どのみち、いずれにせよ 👂 動 反正 fǎnzhèng（正しい状態に戻る）
□ 550 **尤其** yóuqí	副 とりわけ、特に
□ 551 ✏究 **究竟** jiūjìng	副 結局のところ 名 結果、結末
□ 552 ✏須 **必须** bìxū	副 必ず、きっと 👂 動 必需 bìxū（必要とする）

继续
▼

(554)"卫生纸"(トイレットペーパー)、"纸巾"(ティッシュ)はお忘れなく。

Check 2

🎧 091

你可千万不要后悔。
Nǐ kě qiānwàn búyào hòuhuǐ.
絶対に後悔をしてはいけません。

天气不冷，他却穿着大衣。
Tiānqì bù lěng, tā què chuānzhe dàyī.
寒くはないのに、彼はコートを着ています。

他故意不理我。
Tā gùyì bù lǐ wǒ.
彼はわざと私を相手にしません。

你千万记住到了北京给我打电话。
Nǐ qiānwàn jìzhù dàole Běijīng gěi wǒ dǎ diànhuà.
北京に着いたら私に電話するのをくれぐれも覚えておいてください。

他反正也不打算去了，你们就走吧。
Tā fǎnzheng yě bù dǎsuan qù le, nǐmen jiù zǒu ba.
彼はどうせ行くつもりはないから、君たちは行きなさい。

我喜欢旅游，尤其是去国外旅游。
Wǒ xǐhuan lǚyóu, yóuqí shì qù guówài lǚyóu.
私は旅行が好きで、特に海外旅行が好きです。

他究竟为什么生气，谁也不知道。 **Tā jiūjìng wèi shénme shēngqì, shéi yě bù zhīdào.** 彼は結局のところ何で怒っているのか、誰にも分かりません。
我们都想知道个究竟。 **Wǒmen dōu xiǎng zhīdao ge jiūjìng.**
私たちは皆結果が知りたいのです。

今天中午十二点以前我必须交作业。
Jīntiān zhōngwǔ shí'èr diǎn yǐqián wǒ bìxū jiāo zuòyè.
今日の昼 12 時までに必ず宿題を提出しなければいけません。

继续
▼

副詞 1

Check 1

035

□ 553
不必
búbì
副 ～する必要はない、～しなくてもよい
動 不比 bùbǐ（～に及ばない）

□ 554
快要
kuàiyào
副 間もなく、すぐに（～になる）

□ 555 歩
逐步
zhúbù
副 次第に、一歩一歩

□ 556 漸
逐渐
zhújiàn
副 次第に、だんだんと
渐渐 jiànjiàn

□ 557 従
从来
cónglái
副 これまで、今まで、かつて
否定文で用いることが多い

□ 558 時
随时
suíshí
副 常に、随時

□ 559 臨時
临时
línshí
! 副 その時になって
形 臨時の

□ 560 時
有时
yǒushí
副 時には

34日目 034
Quick Review
答えは次頁

□ 平静	□ 闲	□ 艰苦	□ 美好
□ 平安	□ 痛	□ 疲劳	□ 优美
□ 安全	□ 痛苦	□ 良好	□ 好听
□ 无聊	□ 伤心	□ 优良	□ 亲爱

Check 2

091

电影九点开始，我们不必去得太早。
Diànyǐng jiǔ diǎn kāishǐ, wǒmen búbì qùde tài zǎo.
映画は９時開始だから、そんなに早く行く必要はありません。

卫生纸快要用完了。
Wèishēngzhǐ kuàiyào yòngwán le.
トイレットペーパーがもうすぐなくなります。

这个地区逐步普及了互联网。
Zhège dìqū zhúbù pǔjíle hùliánwǎng.
この地区では次第にインターネットが普及しました。

天气逐渐暖和起来了。
Tiānqì zhújiàn nuǎnhuoqilai le.
天気が次第に暖かくなってきました。

他从来没有像现在这样激动过。
Tā cónglái méiyou xiàng xiànzài zhèyàng jīdòngguo.
彼はこれまで今のようにこんなに感激したことはありません。

你有问题可以随时来问我。
Nǐ yǒu wèntí kěyǐ suíshí lái wèn wǒ.
問題があればいつでも私に聞きにきてください。

如果人数不够，临时再加几个。Rúguǒ rénshù búgòu, línshí zài jiā jǐ ge. 人数が足りなければ、その時に何人か加えればいいです。
这是临时的工作。Zhè shì línshí de gōngzuò.
これは臨時の仕事です。

他有时坐车去，有时走着去。
Tā yǒushí zuò chē qù, yǒushí zǒuzhe qù.
彼は時には車で、時には歩いて行きます。

☐ 落ち着いている	☐ 暇である	☐ 苦しい	☐ 美しい
☐ 無事である	☐ 痛い	☐ 疲れている	☐ 優美である
☐ 安全である	☐ 苦しい	☐ 良好である	☐（聞いて）心地よい
☐ つまらない	☐ 悲しい	☐ 優良である	☐ 親愛なる

まとめて覚えよう ― 色

红色	hóngsè	赤色
黄色	huángsè	黄色
蓝色	lánsè	青色
绿色	lǜsè	緑色
黄绿色／草绿色	huánglǜsè ／ cǎolǜsè	黄緑色
粉色／粉红色	fěnsè ／ fěnhóngsè	ピンク色
棕色／咖啡色	zōngsè ／ kāfēisè	茶色
紫色	zǐsè	紫色
白色	báisè	白色
黑色	hēisè	黒色
灰色	huīsè	灰色
银色	yínsè	銀色
金色	jīnsè	金色
彩虹色	cǎihóngsè	虹色

キクタン中国語

6 週目

✓ 学習したらチェック！

- ■ 36日目 名詞 16
- ■ 37日目 名詞 17
- ■ 38日目 動詞 15
- ■ 39日目 動詞 16
- ■ 40日目 動詞 17
- ■ 41日目 形容詞 6
- ■ 42日目 副詞 2

中国語で言ってみよう！

彼はオリンピックで世界新記録を樹立しました。

（答えは 616）

36日目 名詞16

Check 1

036

□ 561 ✎記憶 **记忆** jìyì	名 **記憶**
□ 562 **秘密** mìmì	名 **秘密** 形 秘密である ⇔ **公开** gōngkāi（公開の）
□ 563 ✎決 **决心** juéxīn	名 **決心、決意** 動 決心する
□ 564 **看法** kànfa	名 **見解、見方、考え** ≒ **意见** yìjian
□ 565 **思想** sīxiǎng	名 **考え、思想**
□ 566 **理想** lǐxiǎng	名 **理想** 形 理想的である
□ 567 **信心** xìnxīn	! 名 **自信、確信**
□ 568 ✎勇気 **勇气** yǒngqì	名 **勇気**

继续
▼

『キクタン中国語』の"优点"は軽快な音楽に載せて単語を耳で覚えることができることかな？

Check 2

092

在我的记忆里，妈妈一直很忙。
Zài wǒ de jìyì li, māma yìzhí hěn máng.
私の記憶では、母はずっと忙しかったです。

我有一个秘密要告诉你。
Wǒ yǒu yí ge mìmì yào gàosu nǐ.
私はあなたに話さなければならない秘密が 1 つあります。

她下决心一定要考上北京大学。 Tā xià juéxīn yídìng yào kǎoshàng Běijīng Dàxué. 彼女は必ず北京大学に合格すると決意しました。
我决心努力学习。 Wǒ juéxīn nǔlì xuéxí.
私は一生懸命勉強しようと決心しました。

你对这件事有什么看法？
Nǐ duì zhè jiàn shì yǒu shénme kànfa?
あなたはこの件に対してどのような見解を持っていますか。

语言是一种表达思想的方式。
Yǔyán shì yìzhǒng biǎodá sīxiǎng de fāngshì.
言語は考えを表す方法の 1 つです。

我要努力实现自己的理想。 Wǒ yào nǔlì shíxiàn zìjǐ de lǐxiǎng.
私は自分の理想を実現するように努力しなければなりません。
这次考试我考得不太理想。 Zhè cì kǎoshì wǒ kǎode bú tài lǐxiǎng.
今回の試験はあまり良くできませんでした。

我有信心学好中文。
Wǒ yǒu xìnxīn xuéhǎo Zhōngwén.
私は中国語をマスターする自信があります。

老师的话给了他很大的勇气。
Lǎoshī de huà gěile tā hěn dà de yǒngqì.
先生の話は彼に大きな勇気を与えました。

继续
▼

名詞16

Check 1

036

□ 569 ✎優
优点
yōudiǎn
名 **長所**
⇔ 缺点 quēdiǎn（短所）

□ 570 ✎質
性质
xìngzhì
名 **性質、性格、たち**
同音 名 兴致 xìngzhì（興味）

□ 571 ✎質
本质
běnzhì
名 **本質**

□ 572
力量
lìliang
名 **力、能力、力量**
量 股 gǔ
≒ 力气 lìqi

□ 573 ✎領
本领
běnlǐng
名 **能力、腕前、才能、技量**
≒ 本事 běnshi

□ 574
生命
shēngmìng
名 **命、生命**
量 条 tiáo

□ 575 ✎運
命运
mìngyùn
名 **運命、命運**

□ 576
一生
yìshēng
名 **一生**
“一辈子 yíbèizi”より硬い表現

35日目 035
Quick Review
答えは次頁

□ 可	□ 反正	□ 不必	□ 从来
□ 却	□ 尤其	□ 快要	□ 随时
□ 故意	□ 究竟	□ 逐步	□ 临时
□ 千万	□ 必须	□ 逐渐	□ 有时

Check 2 092

我的优点和缺点都很多。
Wǒ de yōudiǎn hé quēdiǎn dōu hěn duō.
私の長所と短所はどちらもたくさんあります。

这两个问题的性质完全不同。
Zhè liǎng ge wèntí de xìngzhì wánquán bù tóng.
この 2 つの問題の性質は完全に異なります。

我还没有认识到这件事的本质。
Wǒ hái méiyou rènshidào zhè jiàn shì de běnzhì.
私はまだこの事の本質を認識していません。

我现在没有力量帮助别人。
Wǒ xiànzài méiyǒu lìliang bāngzhù biéren.
私には今、他人を助ける力はありません。

他钓鱼的本领很高。
Tā diàoyú de běnlǐng hěn gāo.
彼の釣りの腕前は素晴らしいです。

国家有责任保护国民的生命和财产安全。
Guójiā yǒu zérèn bǎohù guómín de shēngmìng hé cáichǎn ānquán.
国は、国民の生命と財産の安全を守る責任があります。

我们要自己掌握自己的命运。
Wǒmen yào zìjǐ zhǎngwò zìjǐ de mìngyùn.
自分の運命は自分で支配しなければいけません。

她的一生非常幸福。
Tā de yìshēng fēicháng xìngfú.
彼女の一生は非常に幸せでした。

□ (強調を表す)確かに～する	□ どうせ	□ ～する必要はない	□ これまで
□ かえって	□ とりわけ	□ 間もなく	□ 常に
□ わざと	□ 結局のところ	□ 次第に	□ その時になって
□ くれぐれも	□ 必ず	□ 次第に	□ 時には

37日目 名詞17

Check 1 🎧037

☐ 577
教学
jiàoxué
名 教育、授業

☐ 578 ✏費
学费
xuéfèi
名 学費

☐ 579 ✏問
学问
xuéwen
名 学問、学識、知識
量 门 mén

☐ 580 ✏術
学术
xuéshù
名 学術

☐ 581
著作
zhùzuò
名 著作

☐ 582 ✏詩
诗
shī
名 詩
量 首 shǒu

☐ 583 ✏画
漫画
mànhuà
名 漫画
量 部 bù
関 动漫 dòngmàn（アニメと漫画の総称）

☐ 584 ✏課
功课
gōngkè
名（宿題や予習などの）勉強
量 门 mén、节 jié、堂 táng

继续
▼

中国の国民的アニメといえば、“喜羊羊与灰太狼 Xǐyángyáng yǔ Huītàiláng”。文字どおり、羊と狼のお話です。

Check 2

🎧 093

王老师的外语教学方法非常丰富。
Wáng lǎoshī de wàiyǔ jiàoxué fāngfǎ fēicháng fēngfù.
王先生の外国語教育法は非常に豊富です。

现在大学的学费很贵。
Xiànzài dàxué de xuéfèi hěn guì.
今、大学の学費は高いです。

你别小看老李，他学问可大了。
Nǐ bié xiǎokàn Lǎo-Lǐ, tā xuéwen kě dà le.
李さんを見くびってはいけません、彼は非常に学識豊かなのです。

他翻译了三篇学术论文。
Tā fānyìle sān piān xuéshù lùnwén.
彼は 3 本の学術論文を翻訳しました。

他写过很多学术著作。
Tā xiěguo hěn duō xuéshù zhùzuò.
彼は多くの学術書を書いたことがあります。

我喜欢写诗。
Wǒ xǐhuan xiě shī.
私は詩を書くのが好きです。

你最喜欢哪部漫画?
Nǐ zuì xǐhuan nǎ bù mànhuà?
あなたはどの漫画が一番好きですか。

我得帮孩子复习功课。
Wǒ děi bāng háizi fùxí gōngkè.
私は子供が授業の復習をするのを手伝わなければいけません。

继续
▼

名詞17

Check 1

037

□ 585 化

化学
huàxué

名 **化学**

□ 586

物理
wùlǐ

名 **物理、物の道理**

□ 587

哲学
zhéxué

名 **哲学**

□ 588 德

道德
dàodé

名 **道徳**
形 道徳的である

□ 589

医学
yīxué

名 **医学**

□ 590 衛

卫生
wèishēng

名 **衛生**
形 衛生的である

□ 591 術

手术
shǒushù

名 **手術**
动手术 dòng shǒushù （手術をする）
做手术 zuò shǒushù （手術をする）

□ 592

文明
wénmíng

名 **文明、文化**
形 文化度の高い、道徳的な

36日目 036
Quick Review
答えは次頁

□ 记忆	□ 思想	□ 优点	□ 本领
□ 秘密	□ 理想	□ 性质	□ 生命
□ 决心	□ 信心	□ 本质	□ 命运
□ 看法	□ 勇气	□ 力量	□ 一生

Check 2

093

我很喜欢做化学实验。
Wǒ hěn xǐhuan zuò huàxué shíyàn.
私は化学実験をするのがとても好きです。

高中时我特别喜欢学物理。
Gāozhōng shí wǒ tèbié xǐhuan xué wùlǐ.
高校のとき、私は特に物理を学ぶのが好きでした。

我的人生哲学是"从小事做起"。
Wǒ de rénshēng zhéxué shì "cóng xiǎoshì zuòqǐ".
私の人生哲学は「小さなことからコツコツと」です。

我们要培养有道德、有文化的人才。 Wǒmen yào péiyǎng yǒu dàodé、yǒu wénhuà de réncái. 我々は道徳的で教養のある人材を育成すべきです。
他这样做很不道德。 Tā zhèyàng zuò hěn bú dàodé.
彼のこのようなやり方は道徳的ではありません。

他弟弟是大阪大学的医学博士。
Tā dìdi shì Dàbǎn Dàxué de yīxué bóshì.
彼の弟は大阪大学の医学博士です。

这个小区的环境卫生最好。 Zhège xiǎoqū de huánjìng wèishēng zuì hǎo. このコミュニティの環境衛生が最も良いです。
这家饭店不太卫生。 Zhè jiā fàndiàn bú tài wèishēng.
このレストランはあまり衛生的ではありません。

手术后，他很快就出院了。
Shǒushù hòu, tā hěn kuài jiù chūyuàn le.
手術後、彼はあっという間に退院しました。

物质文明和精神文明都很重要。 Wùzhì wénmíng hé jīngshén wénmíng dōu hěn zhòngyào. 物質文明と精神文明はともに重要です。
随地吐痰是不文明的行为。 Suídì tǔ tán shì bù wénmíng de xíngwéi.
どこにでも痰を吐くのは品のある行為ではありません。

□ 記憶	□ 考え	□ 長所	□ 能力
□ 秘密	□ 理想	□ 性質	□ 命
□ 決心	□ 自信	□ 本質	□ 運命
□ 見解	□ 勇気	□ 力	□ 一生

動詞15

Check 1

🎧 038

□ 593
禁止
jìnzhǐ

動 禁止する
⇔ 允许 yǔnxǔ（許可する）

□ 594 ✎違反
违反
wéifǎn

動 違反する、反する

□ 595 ✎搶
抢
qiǎng

動 奪う、横取りする

□ 596 ✎騙
骗
piàn

動 だます、かたる、あざむく

□ 597
上当
shàng▼dàng

動 だまされる、ペテンにかかる

□ 598 ✎運輸
运输
yùnshū

動 運送する
名 運送

□ 599 ✎運
运
yùn

動 運搬する、運動する、運用する

□ 600 ✎推広
推广
tuīguǎng

動 普及させる、押し広める

继续
▼

とある映画のワンシーン、 小さい子がいたずらにひっかかった人に"上当了！"（だまされたー！）。字幕なしで分かると楽しいですね。

Check 2

094

法律禁止不到二十岁的人吸烟、喝酒。
Fǎlǜ jìnzhǐ bú dào èrshí suì de rén xī yān、hē jiǔ.
法律では 20 歳未満の人の喫煙、飲酒を禁止しています。

请不要违反交通规则。
Qǐng búyào wéifǎn jiāotōng guīzé.
交通規則に違反しないでください。

大家不要抢！按顺序来。
Dàjiā búyào qiǎng! Àn shùnxù lái.
皆さん横取りはだめです！ 順番にどうぞ。

做买卖不能骗人。
Zuò mǎimai bù néng piàn rén.
商売をするには人をだましてはいけません。

这次我又上了他的当。
Zhè cì wǒ yòu shàngle tā de dàng.
今回私はまた彼にだまされました。

他们正在往受灾地区运输物资。
Tāmen zhèngzài wǎng shòuzāi dìqū yùnshū wùzī.
彼らは被災地区に向けて物資を輸送しています。

这些大米运到哪儿去？
Zhèxiē dàmǐ yùndào nǎr qù?
これらの米はどこまで運んでいくのですか。

中国政府正在大力推广普通话。
Zhōngguó zhèngfǔ zhèngzài dàlì tuīguǎng pǔtōnghuà.
中国政府は標準語の普及に力を入れています。

继续
▼

動詞15

Check 1

038

□ 601 ✎導 **指导** zhǐdǎo	動 **指導する** 📖 **指导革命** zhǐdǎo gémìng（革命を指導する） 教え導くことに重点がある
□ 602 ✎輔導 **辅导** fǔdǎo	動 **補習する、指導する** 📖 具体的な学習や仕事について使う
□ 603 ✎領導 **领导** lǐngdǎo	動 **指導する、率いる** 名 指導者、リーダー 📖 率いることに重点がある
□ 604 ✎練 **练** liàn	動 **練習する、訓練する**
□ 605 ✎訓練 **训练** xùnliàn	動 **訓練する、訓練を受ける**
□ 606 ✎閲読 **阅读** yuèdú	動 **読解する、読む、閲読する** 📖 **精读** jīngdú（精読する）
□ 607 **背** bèi	! 動 **暗唱する** 名 背中 📖 **念** niàn（［声を出して］読む） **背** bēi（背負う）
□ 608 **放学** fàng▾xué	動 **学校がひける、授業が終わる**

37日目 037 Quick Review
答えは次頁

□ 教学	□ 著作	□ 化学	□ 医学
□ 学费	□ 诗	□ 物理	□ 卫生
□ 学问	□ 漫画	□ 哲学	□ 手术
□ 学术	□ 功课	□ 道德	□ 文明

Check 2

094

李老师指导他完成了毕业论文。
Lǐ lǎoshī zhǐdǎo tā wánchéngle bìyè lùnwén.
李先生は彼を指導して卒業論文を完成させました。

她每天辅导小学生学习语文。
Tā měi tiān fǔdǎo xiǎoxuéshēng xuéxí yǔwén.
彼女は毎日小学生に国語の補習をしています。

孙中山领导了辛亥革命。 Sūn Zhōngshān lǐngdǎole Xīnhài Gémìng.
孫中山（孫文）は辛亥革命を指導しました。
他是我们的领导。 Tā shì wǒmen de lǐngdǎo.
彼は私たちのリーダーです。

要想学好外语，就得多练。
Yào xiǎng xuéhǎo wàiyǔ, jiù děi duō liàn.
外国語をマスターしたいのなら、たくさん練習しないといけません。

他们已经训练了六个月了。
Tāmen yǐjīng xùnliànle liù ge yuè le.
彼らは訓練を受けてすでに6ヵ月になります。

王经理正在阅读文件。
Wáng jīnglǐ zhèngzài yuèdú wénjiàn.
王社長は書類を読んでいるところです。

这首诗，我背了半天也没背下来。 Zhè shǒu shī, wǒ bèile bàntiān yě méi bèixialai. この詩、どれだけ覚えようとしても覚えられません。
我儿子喜欢骑在我的背上。 Wǒ érzi xǐhuan qízài wǒ de bèi shang.
私の息子は私の背中にまたがるのが好きです。

他放了学就去打工。
Tā fàngle xué jiù qù dǎgōng.
彼は授業が終わるとすぐにバイトに行きます。

- □ 教育
- □ 学費
- □ 学問
- □ 学術
- □ 著作
- □ 詩
- □ 漫画
- □ （宿題や予習などの）勉強
- □ 化学
- □ 物理
- □ 哲学
- □ 道徳
- □ 医学
- □ 衛生
- □ 手術
- □ 文明

39日目

動詞16

Check 1

🎧 039

□ 609 **考** kǎo	! 動 **試験する**
□ 610 ✏調査 **调查** diàochá	動 **調査する**
□ 611 ✏実験 **实验** shíyàn	動 **実験する** 名 実験
□ 612 ✏試験 **试验** shìyàn	! 動 **テストする、試験する、実験する** 📖 学校や資格などの試験は"考试 kǎoshì"、"测验 cèyàn"と言う
□ 613 **分析** fēnxī	動 **分析する**
□ 614 ✏証 **证明** zhèngmíng	動 **証明する** 名 証明、証明書
□ 615 ✏預報 **预报** yùbào	動 **（主に気象などについて）予報する** 名 予報
□ 616 ✏創 **创造** chuàngzào	動 **創造する、新たに作り出す**

继续
▼

“天气预报”(天気予報)を見て“最高气温22℃”、“东南风1级”、“阴有阵雨”などの表現を増やしましょう。

Check 2

095

你期末考试考得怎么样?
Nǐ qīmò kǎoshì kǎode zěnmeyàng?
期末試験の出来はどうでしたか。

调查组调查了两个月终于有了结果。
Diàocházǔ diàochále liǎng ge yuè zhōngyú yǒule jiéguǒ.
調査グループは2ヵ月調査をして、ついに結果を出しました。

他们实验了多年，才发现了新材料。 Tāmen shíyànle duō nián, cái fāxiànle xīn cáiliào. 彼らは何年も実験して、やっと新素材を発見しました。
他正在实验室里做实验。 Tā zhèngzài shíyànshì li zuò shíyàn.
彼は今ちょうど実験室で実験しています。

他试验了很多次后才成功。
Tā shìyànle hěn duō cì hòu cái chénggōng.
彼は何回も実験したすえ、やっと成功しました。

你分析得有道理。
Nǐ fēnxīde yǒu dàoli.
君の分析は的を射ています。

事实证明他的看法是正确的。 Shìshí zhèngmíng tā de kànfa shì zhèngquè de. 事実が彼の考え方が正しいということを証明しています。
能给我开一份遗失证明吗? Néng gěi wǒ kāi yí fèn yíshī zhèngmíng ma? 紛失証明書を発行してもらえますか。

目前还没有预报地震的有效方法。 Mùqián hái méiyou yùbào dìzhèn de yǒuxiào fāngfǎ. 目下、地震を予報する有効な方法はまだありません。
早上听天气预报说今天大雨。 Zǎoshang tīng tiānqì yùbào shuō jīntiān dàyǔ. 朝の天気予報で今日は大雨だと言っていました。

他在奥运会上创造了新的世界纪录。
Tā zài Àoyùnhuì shang chuàngzàole xīn de shìjiè jìlù.
彼はオリンピックで世界新記録を樹立しました。

继续
▼

動詞16

Check 1

🎧 039

□ 617 ✎写

描写

miáoxiě

動 描写する、描く

□ 618 ✎記録

记录

jìlù

動 記録する

名 記録、記録係

□ 619 ✎編

编

biān

動 編集する、創作する、編む

□ 620

印刷

yìnshuā

動 印刷する

□ 621 ✎版

出版

chūbǎn

動 出版する

□ 622

演

yǎn

動 演じる、扮する

□ 623 ✎導

导演

dǎoyǎn

動 (映画や劇の)監督をする、演出をする

名 監督

□ 624 ✎開

开演

kāiyǎn

動 (演劇や映画が) 始まる

38日目🎧038
Quick Review
答えは次頁

□ 禁止	□ 上当	□ 指导	□ 训练
□ 违反	□ 运输	□ 辅导	□ 阅读
□ 抢	□ 运	□ 领导	□ 背
□ 骗	□ 推广	□ 练	□ 放学

Check 2 095

这部小说描写了一个新时代的女性。
Zhè bù xiǎoshuō miáoxiěle yí ge xīn shídài de nǚxìng.
この小説は新しい時代の女性を描いています。

这份材料详细地记录了事情的经过。Zhè fèn cáiliào xiángxì de jìlùle shìqing de jīngguò. この資料は事の経過を詳細に記録しています。
他做了会议记录。Tā zuòle huìyì jìlù.
彼は会議の記録をとりました。

她正在编一本诗集。
Tā zhèngzài biān yì běn shījí.
彼女は詩集を編んでいるところです。

这本书一共印刷了三百万册。
Zhè běn shū yígòng yìnshuāle sānbǎi wàn cè.
この本は全部で 300 万冊印刷されました。

他的博士论文终于出版了。
Tā de bóshì lùnwén zhōngyú chūbǎn le.
彼の博士論文がついに出版されました。

她演过电影的主角。
Tā yǎnguo diànyǐng de zhǔjué.
彼女は映画の主役を演じたことがあります。

张艺谋已经导演了二十几部电影。Zhāng Yìmóu yǐjīng dǎoyǎnle èrshí jǐ bù diànyǐng. 張芸謀はすでに 20 数本の映画を監督しています。
陈凯歌是《霸王别姬》的导演。Chén Kǎigē shì《Bàwáng biéjī》de dǎoyǎn. 陳凱歌は『覇王別姫』の監督です。

节目下午三点半开演。
Jiémù xiàwǔ sān diǎn bàn kāiyǎn.
演目は午後 3 時半に始まります。

□ 禁止する	□ だまされる	□ 指導する	□ 訓練する
□ 違反する	□ 運送する	□ 補習する	□ 読解する
□ 奪う	□ 運搬する	□ 指導する	□ 暗唱する
□ だます	□ 普及させる	□ 練習する	□ 学校がひける

40日目 動詞17

Check 1

040

□ 625 ✎遊覧 **游览** yóulǎn	動 **遊覧する**
□ 626 **享受** xiǎngshòu	動 **享受する、楽しむ**
□ 627 **照** zhào	! 動 **(写真を)撮る、(光が)照らす、(鏡に)映す、映る** 前 ～のとおりに　例 **照相** zhào▾xiàng（写真を撮る）、**照镜子** zhào jìngzi（鏡を見る）
□ 628 **晒** shài	動 **日に当たる、干す**
□ 629 ✎焼 **燃烧** ránshāo	動 **燃える、燃やす**
□ 630 ✎砕 **碎** suì	動 **砕く、砕ける** 形 ばらばらである、くどくどしい
□ 631 **透** tòu	動 **通る、通す、漏らす** 形 はっきりしている、徹底している
□ 632 ✎響 **响** xiǎng	動 **音がする** 形（音や声が）響く

继续 ▼

(634)1968年発売の"全国山河一片红"(0.08元)の"纪念邮票"が今では100万円以上に。

Check 2

096

她游览过很多名胜古迹。
Tā yóulǎnguo hěn duō míngshèng gǔjì.
彼女は多くの名所旧跡を遊覧したことがあります。

我们要吃苦在前，享受在后。
Wǒmen yào chīkǔ zài qián, xiǎngshòu zài hòu.
我々は苦しみを先に、楽しみを後にしなければいけません。

这张相片照得真好。 Zhè zhāng xiàngpiàn zhàode zhēn hǎo.
この写真は本当によく撮れています。
请照这个样子做一下。 Qǐng zhào zhège yàngzi zuò yíxià.
このサンプルどおりに作ってください。

听说多晒太阳对身体有好处。
Tīngshuō duō shài tàiyang duì shēntǐ yǒu hǎochù.
よく日に当たるのは体に良いそうです。

蜡烛燃烧了自己，照亮了别人。
Làzhú ránshāole zìjǐ, zhàoliàngle biéren.
ロウソクは自分を燃やして、他人を照らします。

杯子被弟弟打碎了。 Bēizi bèi dìdi dǎsuì le.
コップを弟に割られました。
他在院子里铺了一些碎石头。 Tā zài yuànzi li pūle yìxiē suì shítou.
彼は庭に砂利を敷きました。

阳光透过窗户照进来。 Yángguāng tòuguò chuānghu zhàojinlai.
日の光が窓を通して差し込んできました。
老师已经把道理说透了。 Lǎoshī yǐjīng bǎ dàoli shuōtòu le.
先生はすでに道理をはっきり話しました。

会场上响起了热烈的掌声。 Huìchǎng shang xiǎngqǐle rèliè de zhǎngshēng.　会場に大きな拍手が鳴り響きました。
他打了一个很响的喷嚏。 Tā dǎle yí ge hěn xiǎng de pēntì.
彼は大きなくしゃみをしました。

继续
▼

動詞17

Check 1

040

□ 633 ✏包
包括
bāokuò
動 ～を含む

□ 634
保存
bǎocún
動 保存する、残す、温存する

□ 635
保留
bǎoliú
動 保留する、保存する、残す

□ 636 ✏護
保护
bǎohù
動 保護する、守る

□ 637 ✏堅
坚持
jiānchí
動 堅持する、頑張り続ける、固執する

□ 638 ✏着
接着
jiēzhe
動 続く
副 続けて

□ 639 ✏具
具有
jùyǒu
動 備える、持つ

□ 640
存在
cúnzài
動 存在する、ある、実在する
名 存在

39日目 039
Quick Review
答えは次頁

□ 考	□ 分析	□ 描写	□ 出版
□ 调查	□ 证明	□ 记录	□ 演
□ 实验	□ 预报	□ 编	□ 导演
□ 试验	□ 创造	□ 印刷	□ 开演

Check 2

096

包括我在内，我们班一共有五个日本留学生。
Bāokuò wǒ zàinèi, wǒmen bān yígòng yǒu wǔ ge Rìběn liúxuéshēng.
私を含めて、クラスには全部で 5 人の日本人留学生がいます。

这些纪念邮票保存得很好。
Zhèxiē jìniàn yóupiào bǎocúnde hěn hǎo.
これらの記念切手は保存状態が良いです。

对于这个计划，我们保留意见。Duìyú zhège jìhuà, wǒmen bǎoliú yìjian. この計画については、我々は意見を保留します。
她还保留着那些老照片。Tā hái bǎoliúzhe nàxiē lǎo zhàopiàn.
彼女はまだあれらの古い写真を残しています。

研究所的工作是保护历史遗产。
Yánjiūsuǒ de gōngzuò shì bǎohù lìshǐ yíchǎn.
研究所の仕事は歴史遺産を保護することです。

我每天坚持锻炼一个小时。
Wǒ měi tiān jiānchí duànliàn yí ge xiǎoshí.
私は毎日 1 時間運動を続けています。

汽车一辆接着一辆从这里经过。Qìchē yí liàng jiēzhe yí liàng cóng zhèli jīngguò. 車が1台また1台と続いてここを通過しています。
我们先去了上海，接着又去了广州。Wǒmen xiān qùle Shànghǎi, jiēzhe yòu qùle Guǎngzhōu. 私たちはまず上海に行き、続いて広州にも行きました。

这座城市具有两千多年的历史。
Zhè zuò chéngshì jùyǒu liǎngqiān duō nián de lìshǐ.
この都市は 2 千年以上の歴史があります。

产品在质量上还存在着一些问题。Chǎnpǐn zài zhìliàng shang hái cúnzàizhe yìxiē wèntí. 製品は品質の面でまだ少し問題があります。
有的哲学家认为存在是意识的前提。Yǒude zhéxuéjiā rènwéi cúnzài shì yìshi de qiántí. ある哲学者は、存在とは意識の前提だと考えています。

☐ 試験する
☐ 調査する
☐ 実験する
☐ テストする
☐ 分析する
☐ 証明する
☐ （主に気象などについて）予報する
☐ 創造する
☐ 描写する
☐ 記録する
☐ 編集する
☐ 印刷する
☐ 出版する
☐ 演じる
☐ （映画や劇の）監督をする
☐ （演劇や映画が）始まる

41日目 形容詞6

Check 1

041

□ 641 ✎難
难看
nánkàn
形 みっともない、醜い、体裁が悪い

□ 642 ✎討厭
讨厌
tǎo▼yàn
形 嫌だ
動 嫌う

□ 643 ✎級
高级
gāojí
形（階級やランクが）高級な、（質やレベルが）優れている

□ 644
糟糕
zāogāo
形（状況や状態が）まずい、しまった、だめである

□ 645
可惜
kěxī
形 残念である、惜しい
≒ 遗憾 yíhàn

□ 646 ✎抱
抱歉
bàoqiàn
形 すまなく思う

□ 647 ✎難
难受
nánshòu
形 つらい、体の具合が悪い

□ 648
重大
zhòngdà
形 重大な

继续 ▼

"讨厌"(嫌だ)、"糟糕"(まずい)、"倒霉"(ついてない)…最悪な状況に遭遇したら言えますか?

1週目 2週目 3週目 4週目 5週目 6週目 7週目 8週目 巻末付録

Check 2

097

衣服太大了,穿着难看。
Yīfu tài dà le, chuānzhe nánkàn.
服が大きすぎてみっともないです。

这个人很讨厌,总是挑别人的毛病。 **Zhège rén hěn tǎoyàn, zǒngshì tiāo biéren de máobing.** この人は嫌だ、いつも他人のあら探しをするから。
我讨厌这种潮湿的天气。 **Wǒ tǎoyàn zhè zhǒng cháoshī de tiānqì.**
こんなじめじめした天気は嫌いです。

这是一家高级餐厅。
Zhè shì yì jiā gāojí cāntīng.
ここは高級レストランです。

糟糕,我的钥匙不见了。
Zāogāo, wǒ de yàoshi bújiàn le.
まずい、カギがなくなりました。

真可惜!日本女排输了这场比赛。
Zhēn kěxī! Rìběn nǚpái shūle zhè chǎng bǐsài.
ほんと残念!日本女子バレーはこの試合に負けました。

真抱歉,我差点忘了。
Zhēn bàoqiàn, wǒ chàdiǎn wàng le.
本当に申し訳ない、もう少しで忘れるところでした。

我感冒了,全身难受。
Wǒ gǎnmào le, quánshēn nánshòu.
風邪をひいて全身がつらいです。

石油的供应是一个重大问题。
Shíyóu de gōngyìng shì yí ge zhòngdà wèntí.
石油の供給は重大な問題です。

继续
▼

形容詞6

Check 1

041

□ 649 ✎緊
要紧
yàojǐn
形 重大である、重要である、厳しい

□ 650 ✎深
深刻
shēnkè
! 形 深い

□ 651
必要
bìyào
形 必要である

□ 652 ✎難免
难免
nánmiǎn
形 避けられない、免れない、～しがちだ

□ 653
必然
bìrán
形 必然的である、当たり前である

□ 654 ✎適
适当
shìdàng
形 適当な、ふさわしい

□ 655 ✎適
适用
shìyòng
形 使える、使用に適する、適用できる
動 试用 shìyòng（試しに使う）

□ 656 ✎効
有效
yǒuxiào
形 有効である、効果的である
⇔ 无效 wúxiào（無効である）

40日目 040 Quick Review
答えは次頁

□ 游览	□ 燃烧	□ 包括	□ 坚持
□ 享受	□ 碎	□ 保存	□ 接着
□ 照	□ 透	□ 保留	□ 具有
□ 晒	□ 响	□ 保护	□ 存在

他爷爷的病要紧吗?
Tā yéye de bìng yàojǐn ma?
彼のおじいさんの病気は重いですか。

我对她的印象非常深刻。
Wǒ duì tā de yìnxiàng fēicháng shēnkè.
私の彼女に対する印象は非常に深いです。

同学之间互相帮助是十分必要的。
Tóngxué zhījiān hùxiāng bāngzhù shì shífēn bìyào de.
同級生同士の協力はぜひとも必要です。

机器也是人在操作，有时难免出错。
Jīqi yě shì rén zài cāozuò, yǒushí nánmiǎn chū cuò.
機械も人が操作しているので、時には間違いを免れません。

没有提前打招呼，他不同意是必然的。
Méiyou tíqián dǎ zhāohu, tā bù tóngyì shì bìrán de.
事前に知らせなかったので、彼が同意しないのは当たり前です。

我想找个适当的时候跟她谈一谈。
Wǒ xiǎng zhǎo ge shìdàng de shíhou gēn tā tán yi tán.
私は適当なときに彼女と話そうと思っています。

这项法律对外国人也适用。
Zhè xiàng fǎlǜ duì wàiguórén yě shìyòng.
この法律は外国人にも適用されます。

这张飞机票两个星期内有效。
Zhè zhāng fēijīpiào liǎng ge xīngqī nèi yǒuxiào.
この航空券は 2 週間有効です。

- □ 遊覧する
- □ 享受する
- □ (写真を)撮る
- □ 日に当たる
- □ 燃える
- □ 砕く
- □ 通る
- □ 音がする
- □ ～を含む
- □ 保存する
- □ 保留する
- □ 保護する
- □ 堅持する
- □ 続く
- □ 備える
- □ 存在する

副詞2

Check 1

042

□ 657
更加
gèngjiā
副 なお一層

□ 658 ✎似
似乎
sìhū
副 ～のような、～らしい

□ 659
尽量
jǐnliàng
副 できるだけ、なるべく

□ 660
尽快
jǐnkuài
副 なるべく早く

□ 661 ✎連
连忙
liánmáng
副 急いで、慌ただしく

□ 662 ✎趕緊
赶紧
gǎnjǐn
副 急いで、大急ぎで、即座に

□ 663 ✎確
的确
díquè
! 副 確かに、間違いなく

□ 664
悄悄
qiāoqiāo
副 こっそりと

继续
▼

(671)の1.85mの読み方を確認しましょう。"yì mǐ bā wǔ"
小数点以下は粒読みでしたね。

Check 2

098

他说他要更加努力地学习。
Tā shuō tā yào gèngjiā nǔlì de xuéxí.
彼はなお一層努力して勉強したいと言いました。

这件事似乎还没人知道。
Zhè jiàn shì sìhū hái méi rén zhīdao.
このことはまだ誰も知らないようです。

明天我们尽量早点儿出发。
Míngtiān wǒmen jǐnliàng zǎo diǎnr chūfā.
明日はできるだけ早く出発しましょう。

我得尽快去一趟上海。
Wǒ děi jǐnkuài qù yí tàng Shànghǎi.
私はなるべく早く上海に行かなければなりません。

突然下雨了，我连忙跑进一家商店。
Tūrán xià yǔ le, wǒ liánmáng pǎojìn yì jiā shāngdiàn.
急に雨が降り出したので、私は急いで 1 軒の店に駆け込みました。

上课要迟到了，你赶紧走吧！
Shàngkè yào chídào le, nǐ gǎnjǐn zǒu ba!
授業に遅れてしまうから、大急ぎで行きなさい！

他的确没说去哪儿。
Tā díquè méi shuō qù nǎr.
彼は確かにどこに行くとは言っていませんでした。

为了不打扰别人，他悄悄地出去了。
Wèile bù dǎrǎo biéren, tā qiāoqiāo de chūqu le.
人の邪魔をしないように、彼はこっそりと出て行きました。

继续
▼

副詞2

Check 1

042

□ 665
稍
shāo
副 少し、やや、少々

□ 666 ✎親
亲自
qīnzì
副 自ら、自分で

□ 667
相互
xiānghù
副 互いに

□ 668 ✎処
到处
dàochù
副 至るところ、どこでも

□ 669 ✎並
并
bìng
副 (否定の副詞の前に用い)決して、何も
接 そして、さらに

□ 670 ✎僅
仅
jǐn
副 ただ、わずか

□ 671 ✎少
至少
zhìshǎo
副 少なくとも、せめて

□ 672
尽管
jǐnguǎn
副 構わずに、いくらでも
接 ～ではあるけれど、～にかかわらず

41日目 041
Quick Review
答えは次頁

□ 难看	□ 可惜	□ 要紧	□ 必然
□ 讨厌	□ 抱歉	□ 深刻	□ 适当
□ 高级	□ 难受	□ 必要	□ 适用
□ 糟糕	□ 重大	□ 难免	□ 有效

Check 2

098

请稍等，我给您转到客房部去。
Qǐng shāo děng, wǒ gěi nín zhuǎndào kèfángbù qù.
「少々お待ちください、客室部に転送いたします。」

老师亲自去医院看望了生病的同学。
Lǎoshī qīnzì qù yīyuàn kànwàngle shēngbìng de tóngxué.
先生自ら病気の学生を見舞いに病院に行きました。

我们要相互帮助。
Wǒmen yào xiānghù bāngzhù.
我々は互いに助け合わなければなりません。

购物中心一到周末到处都是人。
Gòuwù zhōngxīn yí dào zhōumò dàochù dōu shì rén.
ショッピングセンターは週末になると人でいっぱいです。

这种机会并不多。
Zhè zhǒng jīhui bìng bù duō.
こういったチャンスは決して多くありません。

他在我这儿仅呆了五分钟就走了。
Tā zài wǒ zhèr jǐn dāile wǔ fēnzhōng jiù zǒu le.
彼は私のところにわずか 5 分いただけで出て行きました。

他个子很高，至少有一米八五。
Tā gèzi hěn gāo, zhìshǎo yǒu yì mǐ bā wǔ.
彼は背が高く、少なくとも 1 メートル 85 センチはあります。

有事情你尽管说。 Yǒu shìqing nǐ jǐnguǎn shuō. 何かあれば遠慮なく言ってください。 **尽管会有很多困难，但我一定要完成任务。** Jǐnguǎn huì yǒu hěn duō kùnnan, dàn wǒ yídìng yào wánchéng rènwu. たとえ多くの困難があっても、私は必ず任務を完成しなければいけません。

- □ みっともない
- □ 嫌だ
- □ (階級やランクが)高級な
- □ (状況や状態が)まずい
- □ 残念である
- □ すまなく思う
- □ つらい
- □ 重大な
- □ 重大である
- □ 深い
- □ 必要である
- □ 避けられない
- □ 必然的である
- □ 適当な
- □ 使える
- □ 有効である

まとめて覚えよう ― 料理・飲み物

料理		
皮蛋豆腐	pídàn dòufu	ピータン豆腐
棒棒鸡	bàngbàngjī	バンバンジー
西红柿炒蛋	xīhóngshì chǎo dàn	トマトと卵の炒め物
回锅肉	huíguōròu	ホイコーロー
青椒肉丝	qīngjiāo ròusī	チンジャオロース
鱼香肉丝	yúxiāng ròusī	ユーシャンロース
北京烤鸭	Běijīng kǎoyā	北京ダック
宫保鸡丁	gōngbǎo jīdīng	カシューナッツと鶏肉の炒め物
酸辣汤	suānlàtāng	サンラータン
玉米汤	yùmǐtāng	コーンスープ
水饺	shuǐjiǎo	水餃子
小笼包	xiǎolóngbāo	ショウロンポー
芒果布丁	mángguǒ bùdīng	マンゴープリン
芝麻球	zhīmaqiú	ゴマ団子
飲み物		
可乐	kělè	コーラ
雪碧	xuěbì	スプライト
果汁	guǒzhī	ジュース
咖啡	kāfēi	コーヒー
红茶	hóngchá	紅茶
珍珠奶茶	zhēnzhū nǎichá	タピオカミルクティー

キクタン中国語

7週目

✓学習したらチェック！

中国語で言ってみよう！

最近はどんなヘアスタイルがはやっていますか。

（答えは 726）

名詞18

Check 1

🎧 043

□ 673 ✎伝統
传统
chuántǒng
名 **伝統**

□ 674 ✎風
风俗
fēngsú
名 **風俗**

□ 675 ✎戲
戏
xì
名 **劇**
量 出 chū、台 tái、部 bù、个 ge
例 演戏 yǎn▾xì（劇を演じる）

□ 676 ✎劇
京剧
jīngjù
名 **京劇**
量 出 chū、台 tái、场 chǎng

□ 677 ✎雑
杂技
zájì
名 **曲芸、雑技**
例 演杂技 yǎn zájì（曲芸を演じる）

□ 678 ✎術
武术
wǔshù
名 **武術**

□ 679
婚礼
hūnlǐ
名 **結婚式**
例 婚庆 hūnqìng（結婚披露宴）

□ 680
婚姻
hūnyīn
名 **婚姻、結婚**
例 婚嫁 hūnjià（婚姻）≒ 结婚 jié▾hūn

继续
▼

中国では"京剧"などの伝統劇を鑑賞するときは、"看"ではなく、"听"を使います。

Check 2

099

尊敬老人是中国人的优良传统。
Zūnjìng lǎorén shì Zhōngguórén de yōuliáng chuántǒng.
老人を敬うのは中国人の優れた伝統です。

我刚到这里，对这里的风俗习惯还不太了解。
Wǒ gāng dào zhèli, duì zhèli de fēngsú xíguàn hái bú tài liǎojiě.
私はここに来たばかりで、ここの風俗習慣をまだあまり理解していません。

我奶奶喜欢听戏。
Wǒ nǎinai xǐhuan tīng xì.
祖母は劇を見るのが好きです。

听说北京京剧团来日本公演了。
Tīngshuō Běijīng jīngjùtuán lái Rìběn gōngyǎn le.
北京の京劇団が日本に公演に来るそうです。

这个杂技节目是猴子表演的。
Zhège zájì jiémù shì hóuzi biǎoyǎn de.
この曲芸の演目はサルが演じます。

现在中国有很多武术学校。
Xiànzài Zhōngguó yǒu hěn duō wǔshù xuéxiào.
現在中国には多くの武術学校があります。

明天我要参加朋友的婚礼。
Míngtiān wǒ yào cānjiā péngyou de hūnlǐ.
明日私は友達の結婚式に出席します。

婚姻大事，可以听一听朋友们的意见。
Hūnyīn dàshì, kěyǐ tīng yi tīng péngyoumen de yìjian.
結婚は（一生の）大事だから、友達の意見を聞いてみるのが良いでしょう。

继续
▼

名詞18

Check 1

043

□ 681
宴会
yànhuì
名 宴会
量 个 ge、次 cì、场 chǎng

□ 682
座位
zuòwei
名 座席
= 坐位 zuòwei

□ 683 対
对方
duìfāng
名 相手、先方

□ 684
双方
shuāngfāng
名 双方

□ 685 誼
友谊
yǒuyì
名 友誼、友好、友情
形 有益 yǒuyì（有益である）

□ 686
行
háng
! 名 行列、職業
量（列や行を数える）行
動 行 xíng（よろしい）／形 素晴らしい

□ 687
集体
jítǐ
名 集団、グループ

□ 688 実
事实
shìshí
名 事実

42日目 042
Quick Review
答えは次頁

□ 更加	□ 连忙	□ 稍	□ 并
□ 似乎	□ 赶紧	□ 亲自	□ 仅
□ 尽量	□ 的确	□ 相互	□ 至少
□ 尽快	□ 悄悄	□ 到处	□ 尽管

Check 2

099

这次宴会的规模很小。
Zhè cì yànhuì de guīmó hěn xiǎo.
今回の宴会の規模は小さいです。

这个电影院不大，只有 100 多个座位。
Zhège diànyǐngyuàn bú dà, zhǐ yǒu yìbǎi duō ge zuòwei.
この映画館は小さく、たった 100 余りの座席しかありません。

说话时要注意对方的反应。
Shuōhuà shí yào zhùyì duìfāng de fǎnyìng.
話をするときは相手の反応に注意しないといけません。

对于这个计划，双方都不同意。
Duìyú zhège jìhuà, shuāngfāng dōu bù tóngyì.
この計画に対して、双方ともに同意していません。

奥运会是和平、友谊的盛会。
Àoyùnhuì shì hépíng、yǒuyì de shènghuì.
オリンピックは平和と友好の盛大な大会です。

请大家排成一行，不要挤。 Qǐng dàjiā páichéng yì háng, búyào jǐ.
皆さん、1 列に並んでください、押さないで。
文件上有两行字没有印清楚。 Wénjiàn shang yǒu liǎng háng zì méiyou yìnqīngchu. 書類の 2 行の字がはっきりと印刷されていません。

这支足球队是一个很团结的集体。
Zhè zhī zúqiúduì shì yí ge hěn tuánjié de jítǐ.
このサッカーチームはとても団結力のある集団です。

我们接受了这个事实。
Wǒmen jiēshòule zhège shìshí.
私たちはこの事実を受け入れました。

- □ なお一層
- □ ～のような
- □ できるだけ
- □ なるべく早く
- □ 急いで
- □ 急いで
- □ 確かに
- □ こっそりと
- □ 少し
- □ 自ら
- □ 互いに
- □ 至るところ
- □ (否定の副詞の前に用い)決して
- □ ただ
- □ 少なくとも
- □ 構わずに

44日目 名詞19

Check 1 044

□ 689 **大小** dàxiǎo	名 大きさ、サイズ
□ 690 **形状** xíngzhuàng	名 形状
□ 691 ✎概念 **概念** gàiniàn	名 概念
□ 692 **球** qiú	名 球体 量 个 ge
□ 693 **彩色** cǎisè	! 名 カラー、いろいろな色彩 ⇔ 黒白 hēibái（モノクロ）
□ 694 ✎規 **规模** guīmó	名 規模
□ 695 **程度** chéngdù	名 程度
□ 696 ✎歩 **步** bù	! 名 歩み、歩（ひと足の距離）

继续
▼

(695)"文化程度"は教育レベルや学歴のことを指すので注意しましょう。

Check 2

🎧 100

你试试这件衣服的大小吧。
Nǐ shìshi zhè jiàn yīfu de dàxiǎo ba.
この服のサイズを試してみてください。

这两个字的形状很相近。
Zhè liǎng ge zì de xíngzhuàng hěn xiāngjìn.
この２つの字の形状は似ています。

这个概念还没有被大多数人接受。
Zhège gàiniàn hái méiyou bèi dàduōshù rén jiēshòu.
この概念はまだ大部分の人に受け入れられていません。

这个体育馆的形状像半个球。
Zhège tǐyùguǎn de xíngzhuàng xiàng bàn ge qiú.
この体育館の形は半球に似ています。

彩色打印机哪个牌子的最好？
Cǎisè dǎyìnjī nǎge páizi de zuì hǎo?
カラープリンタはどこのブランドのものが最も良いですか。

奥运会的规模越来越大。
Àoyùnhuì de guīmó yuè lái yuè dà.
オリンピックの規模はますます大きくなっています。

我们公司的职员都是大学以上的文化程度。
Wǒmen gōngsī de zhíyuán dōu shì dàxué yǐshàng de wénhuà chéngdù.
うちの会社の社員はみんな大学以上の学歴があります。

我们做事情要一步一个脚印。
Wǒmen zuò shìqing yào yí bù yí ge jiǎoyìn.
私たちは事を成すにあたって一歩一歩着実に行わなければなりません。

继续
▼

名詞19

Check 1

🎧 044

□ 697

事物
shìwù

名 **事物、物事**
🎧 動 **失误** shīwù（失敗する）、名 **食物** shíwù（食物）、**拾物** shíwù（拾い物）

□ 698

事件
shìjiàn

名 **事件、できごと**
🎧 名 **时间** shíjiān（時間）

□ 699 ✎現象

现象
xiànxiàng

名 **現象**

□ 700 ✎現実

现实
xiànshí

名 **現実**

□ 701 ✎実際

实际
shíjì

名 **実際**
形 実際の、現実的な

□ 702 ✎態

状态
zhuàngtài

名 **状態**

□ 703 ✎勢

形势
xíngshì

名 **形勢、情勢、事態**

□ 704 ✎況

状况
zhuàngkuàng

名 **状況**

43日目🎧043
Quick Review
答えは次頁

□ 传统　□ 杂技　□ 宴会　□ 友谊
□ 风俗　□ 武术　□ 座位　□ 行
□ 戏　□ 婚礼　□ 对方　□ 集体
□ 京剧　□ 婚姻　□ 双方　□ 事实

Check 2 100

我们要从不同的角度来看事物。
Wǒmen yào cóng bùtóng de jiǎodù lái kàn shìwù.
私たちは違った角度から物事を見なければいけません。

他是那次恐怖事件的组织者。
Tā shì nà cì kǒngbù shìjiàn de zǔzhīzhě.
彼はあのテロ事件の主謀者です。

看问题不能只看表面现象。
Kàn wèntí bù néng zhǐ kàn biǎomiàn xiànxiàng.
問題を考えるには表面の現象だけを見てはいけません。

现实生活并没有想象的那么好。
Xiànshí shēnghuó bìng méiyou xiǎngxiàng de nàme hǎo.
現実の生活は想像したほど良いものでは全くありません。

再好的理论也要联系实际。Zài hǎo de lǐlùn yě yào liánxì shíjì.
どんなに良い理論であっても実際と結びつけなければいけません。
他的想法不太实际。Tā de xiǎngfa bú tài shíjì.
彼の考え方はあまり現実的ではありません。

他最近精神状态不好。
Tā zuìjìn jīngshén zhuàngtài bù hǎo.
彼は最近精神状態が良くありません。

目前的形势对政府很不利。
Mùqián de xíngshì duì zhèngfǔ hěn búlì.
現在の情勢は政府にとって不利です。

那个国家的人权状况需要改善。
Nàge guójiā de rénquán zhuàngkuàng xūyào gǎishàn.
あの国の人権状況は改善が必要です。

□ 伝統	□ 曲芸	□ 宴会	□ 友誼
□ 風俗	□ 武術	□ 座席	□ 行列
□ 劇	□ 結婚式	□ 相手	□ 集団
□ 京劇	□ 婚姻	□ 双方	□ 事実

45日目 動詞18

Check 1 045

□705 ✎満
充满
chōngmǎn
動 満ちる、満たす

□706 ✎転変
转变
zhuǎnbiàn
動 変わる、変える、切り替える

□707 ✎改
改
gǎi
動 改める、正す、変える

□708 ✎改変
改变
gǎibiàn
動 変える、変わる

□709 ✎改
改造
gǎizào
動 改良する、改造する、改善する

□710 ✎改
改正
gǎizhèng
動 正す、改める

□711 ✎改
修改
xiūgǎi
動 訂正する、改訂する、手を入れる

□712 ✎調
调整
tiáozhěng
動 調整する

继续
▼

(716) "社会实践活动" とは学生がボランティアやコミュニティ活動などをすることにより、働くことへの理解を深める活動のこと。

Check 2

101

我们对未来充满信心。
Wǒmen duì wèilái chōngmǎn xìnxīn.
我々は未来に対して自信に満ちています。

经过大家的批评，他转变了态度。
Jīngguò dàjiā de pīpíng, tā zhuǎnbiànle tàidu.
皆に批判されてから、彼は態度を変えました。

请你帮我改一下这篇文章好吗?
Qǐng nǐ bāng wǒ gǎi yíxià zhè piān wénzhāng hǎo ma?
この文章を少し手直ししてもらえませんか。

他们根据市场的要求，改变了生产计划。
Tāmen gēnjù shìchǎng de yāoqiú, gǎibiànle shēngchǎn jìhuà.
彼らは市場のニーズをもとに、生産計画を変更しました。

工厂改造后变成了展览馆。
Gōngchǎng gǎizào hòu biànchéngle zhǎnlǎnguǎn.
工場を改造して展示館に変えました。

我们要勇于改正自己的错误。
Wǒmen yào yǒngyú gǎizhèng zìjǐ de cuòwù.
我々は勇敢に自分の過ちを改めねばなりません。

我把自己的论文修改了好几遍。
Wǒ bǎ zìjǐ de lùnwén xiūgǎile hǎo jǐ biàn.
私は自分の論文に何度も手を入れました。

公司最近调整了上下班时间。
Gōngsī zuìjìn tiáozhěngle shàngxiàbān shíjiān.
会社は最近、出・退勤時間を調整しました。

继续
▼

動詞18

Check 1

045

□ 713

搞

gǎo

動 **する、やる**

ほかの動詞の代わりとして使われるほか、ある分野の仕事や職業をする場合にも使われる

□ 714

弄

nòng

動 **いじる、する**

話し言葉で使われることが多く、ほかの動詞の代わりとして使われる

□ 715 ✎実

实行

shíxíng

動 **実行する**

□ 716 ✎実践

实践

shíjiàn

動 **実践する、実行する**

□ 717 ✎執

执行

zhíxíng

動 **執行する**

□ 718 ✎動

行动

xíngdòng

動 **行動を起こす、動き回る、(出)歩く**

名 活動、動作

□ 719 ✎発揮

发挥

fāhuī

動 **発揮する、詳しく論述する**

□ 720 ✎運

运用

yùnyòng

動 **運用する、利用する**

44日目 044
Quick Review
答えは次頁

□ 大小	□ 彩色	□ 事物	□ 实际
□ 形状	□ 规模	□ 事件	□ 状态
□ 概念	□ 程度	□ 现象	□ 形势
□ 球	□ 步	□ 现实	□ 状况

真对不起，是我搞错了。
Zhēn duìbuqǐ, shì wǒ gǎocuò le.
本当に申し訳ありません、私が間違えました。

这台电脑被小李弄坏了。
Zhè tái diànnǎo bèi Xiǎo-Lǐ nònghuài le.
このパソコンは李さんに壊されました。

实行政治改革并不容易。
Shíxíng zhèngzhì gǎigé bìng bù róngyì.
政治改革を行うのは決して易しくありません。

我参加了很多社会实践活动。
Wǒ cānjiāle hěn duō shèhuì shíjiàn huódòng.
私は社会での実践活動に多く参加してきました。

他正在执行一项特殊的任务。
Tā zhèngzài zhíxíng yí xiàng tèshū de rènwu.
彼はまさに特殊任務を遂行中です。

请按计划行动。Qǐng àn jìhuà xíngdòng.
計画どおりに行動してください。
我年纪大了，行动不太方便。Wǒ niánjì dà le, xíngdòng bú tài fāngbiàn.　私は年をとったので、動作があまり思うようになりません。

这场比赛北京队发挥得不太好。
Zhè chǎng bǐsài Běijīngduì fāhuīde bú tài hǎo.
今回の試合で北京チームは力をあまり発揮できませんでした。

她可以熟练地运用英语。
Tā kěyǐ shúliàn de yùnyòng Yīngyǔ.
彼女は英語を上手に使いこなせます。

- □ 大きさ
- □ 形状
- □ 概念
- □ 球体
- □ カラー
- □ 規模
- □ 程度
- □ 歩み
- □ 事物
- □ 事件
- □ 現象
- □ 現実
- □ 実際
- □ 状態
- □ 形勢
- □ 状況

動詞19

Check 1

046

☐ 721 ✎応
应用
yìngyòng
動 **利用する、使用する**
形 実用に供する、応用がきく

☐ 722
了
liǎo
動 **終わる、終える**
“～得了 deliǎo／不了 buliǎo”の形で、～しきれる／～しきれない、～できる／～できない、という可能補語としても使う

☐ 723 ✎適
适合
shìhé
動 **ふさわしい、適合する**

☐ 724 ✎適応
适应
shìyìng
動 **適応する、順応する**

☐ 725
停止
tíngzhǐ
動 **停止する、止める、やめる**

☐ 726
流行
liúxíng
動 **流行する**

☐ 727 ✎進歩
进步
jìnbù
動 **(人や事物が) 進歩する**
形 進歩的である

☐ 728
引起
yǐnqǐ
動 **もたらす、引き起こす**

继续
▼

"来得及"、"来不及"は可能補語ですが、"来及"という形では使わないので注意しましょう。

Check 2

102

我们公司开始应用新技术生产手机。
Wǒmen gōngsī kāishǐ yìngyòng xīn jìshù shēngchǎn shǒujī.
我が社は新技術を利用して携帯電話の生産を始めました。

那件事情已经了了。Nà jiàn shìqing yǐjīng liǎo le.
あの件はすでにけりがつきました。

我吃不了这么多菜。Wǒ chībuliǎo zhème duō cài.
こんなにもたくさんの料理は食べきれません。

这份工作不适合他。
Zhè fèn gōngzuò bú shìhé tā.
この仕事は彼にふさわしくありません。

我还没适应国外的生活。
Wǒ hái méi shìyìng guówài de shēnghuó.
私はまだ外国の生活に適応していません。

病人停止了呼吸。
Bìngrén tíngzhǐle hūxī.
患者は呼吸を停止しました。

最近都流行什么样的发型？
Zuìjìn dōu liúxíng shénme yàng de fàxíng?
最近はどんなヘアスタイルがはやっていますか。

他这个学期学习进步得很快。Tā zhège xuéqī xuéxí jìnbùde hěn kuài. 彼は今学期は学習の進歩が速いです。

他是一个有进步思想的青年。Tā shì yí ge yǒu jìnbù sīxiǎng de qīngnián. 彼は進歩的な考え方を持った青年です。

他的行为引起了朋友们的不满。
Tā de xíngwéi yǐnqǐle péngyoumen de bùmǎn.
彼の行動は友達の不満を買いました。

继续
▼

動詞19

Check 1

🎧 046

□ 729 ✎直
直到
zhídào
動 (時がたって) ~にいたる、ずっと~になるまで

□ 730 ✎継続
继续
jìxù
動 続ける、続く

□ 731
提前
tíqián
動 繰り上げる

□ 732 ✎延長
延长
yáncháng
動 延長する、延ばす、引き延ばす

□ 733
来得及
láidejí
動 間に合う

□ 734
来不及
láibují
動 間に合わない

□ 735
消失
xiāoshī
動 消失する

□ 736 ✎増長
增长
zēngzhǎng
動 増大する、増大させる

45日目🎧045
Quick Review
答えは次頁

□ 充满	□ 改造	□ 搞	□ 执行
□ 转变	□ 改正	□ 弄	□ 行动
□ 改	□ 修改	□ 实行	□ 发挥
□ 改变	□ 调整	□ 实践	□ 运用

Check 2

102

这件事直到昨天我才知道。
Zhè jiàn shì zhídào zuótiān wǒ cái zhīdao.
この件について私は昨日ようやく知りました。

毕业以后我要继续学习汉语。
Bìyè yǐhòu wǒ yào jìxù xuéxí Hànyǔ.
卒業後も私は中国語の勉強を続けます。

今天我提前半个小时到了大学。
Jīntiān wǒ tíqián bàn ge xiǎoshí dàole dàxué.
今日私は30分早く大学に着きました。

公司延长了工作时间。
Gōngsī yánchángle gōngzuò shíjiān.
会社は労働時間を延ばしました。

现在考虑还来得及。
Xiànzài kǎolǜ hái láidejí.
今から考えてもまだ間に合います。

马上要上课了，再不快点儿就来不及了。
Mǎshàng yào shàngkè le, zàibu kuài diǎnr jiù láibují le.
もうすぐ授業が始まるから、もう少し急がないと間に合いませんよ。

她脸上的笑容消失了。
Tā liǎn shang de xiàoróng xiāoshī le.
彼女の顔から笑みが消えました。

去年我的收入增长了百分之五。
Qùnián wǒ de shōurù zēngzhǎngle bǎi fēn zhī wǔ.
去年私の収入は5パーセント増えました。

- ☐ 満ちる
- ☐ 変わる
- ☐ 改める
- ☐ 変える
- ☐ 改良する
- ☐ 正す
- ☐ 訂正する
- ☐ 調整する
- ☐ する
- ☐ いじる
- ☐ 実行する
- ☐ 実践する
- ☐ 執行する
- ☐ 行動を起こす
- ☐ 発揮する
- ☐ 運用する

47日目 動詞20

Check 1 🎧047

□ 737 ✎補 **补充** bǔchōng	動 **補足する、補充する、追加する**
□ 738 ✎過 **超过** chāoguò	! 動 **超える、追い越す**
□ 739 ✎剰 **剩** shèng	動 **残る、残す、余る、余す**
□ 740 ✎減少 **减少** jiǎnshǎo	動 **減らす、減少する** ⇔ **增加** zēngjiā（増える）
□ 741 ✎減 **减** jiǎn	動 **減る** ⇔ **加** jiā（足す）
□ 742 ✎降低 **降低** jiàngdī	動 **下げる、下がる**
□ 743 ✎欠少 **缺少** quēshǎo	動 **足りない、欠く**
□ 744 **不够** búgòu	動 **足りない、十分でない**

继续
▼

(751)“增加了两成”…“一成”は10分の1、“两成”は10分の2、そのぶん増加するので「2割増加」。

Check 2

103

关于这个计划，我再补充一点儿意见。
Guānyú zhège jìhuà, wǒ zài bǔchōng yìdiǎnr yìjian.
この計画について、私がもう少し意見を付け加えます。

我们公司的技术已经超过了世界的平均水平。
Wǒmen gōngsī de jìshù yǐjīng chāoguòle shìjiè de píngjūn shuǐpíng.
我が社の技術はすでに世界の平均を超えました。

大家都走了，只剩下他一个人。
Dàjiā dōu zǒu le, zhǐ shèngxià tā yí ge rén.
みんな行ってしまい、彼1人だけが残っています。

我们要努力减少二氧化碳排放。
Wǒmen yào nǔlì jiǎnshǎo èryǎnghuàtàn páifàng.
私たちは二酸化炭素の排出を減らすために努力しなければいけません。

她每天晚上不吃饭，体重减了不少。
Tā měi tiān wǎnshang bù chī fàn, tǐzhòng jiǎnle bùshǎo.
彼女は毎晩食事をしないので、体重がかなり減りました。

我们不能降低对产品质量的要求。
Wǒmen bù néng jiàngdī duì chǎnpǐn zhìliàng de yāoqiú.
我々は製品の品質に対する要求を下げることはできません。

我们公司现在缺少人手。
Wǒmen gōngsī xiànzài quēshǎo rénshǒu.
我が社では現在人手が足りません。

我带的钱不够，今天就不买了。
Wǒ dài de qián búgòu, jīntiān jiù bù mǎi le.
手持ちのお金が足りないので、今日は買うのをやめます。

继续
▼

動詞20

Check 1

🎧 047

□ 745 ✎欠
缺乏
quēfá
動 欠乏する、足りない

□ 746 ✎拡
扩大
kuòdà
動 拡大する、広げる

□ 747 ✎強
加强
jiāqiáng
動 強化する、強める

□ 748 ✎関
有关
yǒuguān
動 関係がある

□ 749 ✎結
结合
jiéhé
動 結合する、継ぎ合わせる、夫婦になる

□ 750
符合
fúhé
動 (数量、形状、経緯などが) 一致する、符合する

□ 751
成
chéng
! 動 ～になる、成し遂げる
量 10分の1を表す

□ 752 ✎為
成为
chéngwéi
動 ～になる、～となる
名 称谓 chēngwèi (呼称)

46日目🎧046
Quick Review
答えは次頁

□ 应用	□ 停止	□ 直到	□ 来得及
□ 了	□ 流行	□ 继续	□ 来不及
□ 适合	□ 进步	□ 提前	□ 消失
□ 适应	□ 引起	□ 延长	□ 增长

Check 2 103

这位年轻的老师还很缺乏工作经验。
Zhè wèi niánqīng de lǎoshī hái hěn quēfá gōngzuò jīngyàn.
この若い先生はまだ仕事の経験が足りません。

外国企业正在努力扩大中国的市场。
Wàiguó qǐyè zhèngzài nǔlì kuòdà Zhōngguó de shìchǎng.
外国企業は中国市場の拡大に力を入れています。

我们要加强环境保护的意识。
Wǒmen yào jiāqiáng huánjìng bǎohù de yìshi.
我々は環境保護の意識を強化しなければいけません。

你们公司的业务跟中国有关吗?
Nǐmen gōngsī de yèwù gēn Zhōngguó yǒuguān ma?
あなたの会社の業務は中国と関係がありますか。

我们要把理论和实际结合起来。
Wǒmen yào bǎ lǐlùn hé shíjì jiéhéqilai.
我々は理論と実際を結びつけなければいけません。

他的条件不太符合我的要求。
Tā de tiáojiàn bú tài fúhé wǒ de yāoqiú.
彼の条件は私の要求にあまり合っていません。

我们很快就成了好朋友。 Wǒmen hěn kuài jiù chéngle hǎo péngyou.
私たちはすぐに親友になりました。
收入增加了两成。 Shōurù zēngjiāle liǎng chéng.
収入が 2 割増えました。

他们公司已经成为了世界有名的大企业。
Tāmen gōngsī yǐjīng chéngwéile shìjiè yǒumíng de dà qǐyè.
彼らの会社はすでに世界的に有名な大企業になりました。

- □ 利用する
- □ 終わる
- □ ふさわしい
- □ 適応する
- □ 停止する
- □ 流行する
- □ (人や事物が)進歩する
- □ もたらす
- □ (時がたって)～にいたる
- □ 続ける
- □ 繰り上げる
- □ 延長する
- □ 間に合う
- □ 間に合わない
- □ 消失する
- □ 増大する

形容詞7

Check 1

048

□ 753 ✎実
实用
shíyòng
形 **実用的である、実際の役に立つ**
動 食用 shíyòng（食用にする）

□ 754
合理
hélǐ
形 **合理的である、筋が通っている**

□ 755
正好
zhènghǎo
形 **ちょうど良い**
副 ちょうど

□ 756 ✎時
及时
jíshí
形 **ちょうど良いときである**
副 すぐさま

□ 757 ✎具
具体
jùtǐ
形 **具体的である、実際の**
⇔ 抽象 chōuxiàng（抽象的である）

□ 758 ✎象
抽象
chōuxiàng
形 **抽象的である**
⇔ 具体 jùtǐ（具体的である）

□ 759 ✎準時
准时
zhǔnshí
形 **時間どおりに**

□ 760 ✎準確
准确
zhǔnquè
形 **正確である**

继续
▼

日本の"新干线 xīngànxiàn"や"飞机 fēijī"の"准时率 zhǔnshílǜ"(定時運航率)は世界に誇れます。

Check 2

104

这种家具既美观又实用。
Zhè zhǒng jiājù jì měiguān yòu shíyòng.
この家具は美しいだけでなく、実用的でもあります。

公司拒绝了职工们的合理要求。
Gōngsī jùjuéle zhígōngmen de hélǐ yāoqiú.
会社は従業員らの筋の通った要求を拒否しました。

这件衣服你穿正好。 Zhè jiàn yīfu nǐ chuān zhènghǎo.
この服はあなたにピッタリです。
我正好在路上碰见他了。 Wǒ zhènghǎo zài lù shang pèngjiàn tā le.
私はちょうど道で彼に出会いました。

你来得非常及时。 Nǐ láide fēicháng jíshí.
あなたは非常に良いときに来ました。
幸好及时发现了！ Xìnghǎo jíshí fāxiàn le!
幸いにもすぐさま気がつきました！

有些具体工作还需要你去做。
Yǒuxiē jùtǐ gōngzuò hái xūyào nǐ qù zuò.
いくつかの具体的な仕事はやはりあなたにやってもらわなければいけません。

你写的文章太抽象，不容易看懂。
Nǐ xiě de wénzhāng tài chōuxiàng, bù róngyì kàndǒng.
あなたが書いた文章は抽象的すぎて、分かりにくいです。

奶奶每天早上五点准时起床。
Nǎinai měi tiān zǎoshang wǔ diǎn zhǔnshí qǐchuáng.
祖母は毎朝 5 時に時間どおり起きます。

她的发音准确，表达能力也很强。
Tā de fāyīn zhǔnquè, biǎodá nénglì yě hěn qiáng.
彼女の発音は正確で、表現力も優れています。

继续
▼

形容詞7

Check 1

048

□761 ✎準
准
zhǔn
❗ 形 正確である
動 許可する

□762
可靠
kěkào
形 信頼できる、頼りになる

□763
周到
zhōudào
形 行き届いている

□764 ✎確
明确
míngquè
形 明確である
動 はっきりさせる

□765 ✎顕
明显
míngxiǎn
形 明らかである、はっきりしている
連体修飾語、補語になれる

□766 ✎顕
显然
xiǎnrán
形 明らかである、はっきりしている
連用修飾語として使われ、重ね型を作れない

□767
模糊
móhu
形 はっきりしない、ぼんやりしている
動 ぼやかす

□768 ✎直
直接
zhíjiē
形 直接の
⇔ 间接 jiànjiē（間接の）

47日目 047
Quick Review
答えは次頁

□补充 □减 □缺乏 □结合
□超过 □降低 □扩大 □符合
□剩 □缺少 □加强 □成
□减少 □不够 □有关 □成为

Check 2

104

这只手表很准。 Zhè zhī shǒubiǎo hěn zhǔn.
この腕時計は正確です。
上课时不准使用手机。 Shàngkè shí bù zhǔn shǐyòng shǒujī.
授業中は携帯電話を使ってはいけません。

他办事非常可靠。
Tā bànshì fēicháng kěkào.
彼の仕事は非常に信頼できます。

这家餐厅的服务真是太周到了。
Zhè jiā cāntīng de fúwù zhēnshi tài zhōudào le.
このレストランのサービスは本当に行き届いています。

对于这个问题，我们的态度非常明确。
Duìyú zhège wèntí, wǒmen de tàidu fēicháng míngquè.
この問題に対する我々の態度は非常に明確です。

他们的改革取得了明显的效果。
Tāmen de gǎigé qǔdéle míngxiǎn de xiàoguǒ.
彼らの改革は明らかな効果がありました。

这样做显然是错误的。
Zhèyàng zuò xiǎnrán shì cuòwù de.
そのようにするのは明らかに間違っています。

他说得很模糊。
Tā shuōde hěn móhu.
彼の言うことははっきりしません。

有什么要求可以直接跟我说。
Yǒu shénme yāoqiú kěyǐ zhíjiē gēn wǒ shuō.
何か要求があれば、直接私に言ってください。

- □ 補足する
- □ 超える
- □ 残る
- □ 減らす
- □ 減る
- □ 下げる
- □ 足りない
- □ 足りない
- □ 欠乏する
- □ 拡大する
- □ 強化する
- □ 関係がある
- □ 結合する
- □ (数量、形状、経緯などが)一致する
- □ ～になる
- □ ～になる

副詞3／前置詞1

Check 1

049

□ 769

仍然

réngrán

副 **依然として、相変わらず**

□ 770

果然

guǒrán

副 **果たして、案の定**

接 もし～ならば

□ 771 新

重新

chóngxīn

副 **再び、改めて**

同 从头 cóngtóu

□ 772 反復

反复

fǎnfù

副 **繰り返し**

名 反復、再発

□ 773 難

难道

nándào

副 **まさか～ではあるまい**

□ 774 約

大约

dàyuē

副 **約、およそ、たぶん、おそらく**

□ 775

按照

ànzhào

前 **～に照らして、～に基づいて**

□ 776 以

以

yǐ

前 **～によって、～するために**

以～为… yǐ～wéi…（～を…とする）

继续
▼

(770) 辛い料理と言えば"四川菜 Sìchuāncài"(四川料理)が有名ですが、"湘菜 Xiāngcài"(湖南料理)の辛さもなかなかのものです。

Check 2

105

我感觉自己仍然是个孩子。
Wǒ gǎnjué zìjǐ réngrán shì ge háizi.
私はまだ子供のような気がします。

她果然不能吃辣。
Tā guǒrán bù néng chī là.
彼女はやはり辛いものは食べられません。

我们又重新制定了一个计划。
Wǒmen yòu chóngxīn zhìdìngle yí ge jìhuà.
私たちは再び計画を練り直しました。

学外语要反复地念，反复地练。Xué wàiyǔ yào fǎnfù de niàn, fǎnfù de liàn. 外国語を学ぶには繰り返し音読し、練習しなければいけません。
爷爷的病情又反复了。Yéye de bìngqíng yòu fǎnfù le.
祖父の病気が再発しました。

你难道没听他说过吗？
Nǐ nándào méi tīng tā shuōguo ma?
あなたはまさか彼から聞いたことがないのですか。

地球的年龄大约有四十五亿岁了。
Dìqiú de niánlíng dàyuē yǒu sìshiwǔ yì suì le.
地球の年齢は約 45 億歳です。

按照原来的样子剪就行。
Ànzhào yuánlái de yàngzi jiǎn jiù xíng.
元のスタイルのように切ってもらえば良いです。

我们一定要以这次失败为教训。
Wǒmen yídìng yào yǐ zhè cì shībài wéi jiàoxun.
我々は必ず今回の失敗を教訓としなければいけません。

继续
▼

副詞3 ／前置詞1

Check 1

049

□ 777 ✎拠
根据
gēnjù
前 ~に基づいて、~によれば
名 根拠
動 ~に基づく

□ 778
由
yóu
前 ~によって

□ 779 ✎関
关于
guānyú
前 ~に関して、~について

□ 780 ✎対
对于
duìyú
前 ~について、~に関して、~に対して

□ 781
由于
yóuyú
前 ~による、~なので

□ 782
把
bǎ
前 ~を

□ 783 ✎着
随着
suízhe
前 ~と同時に、~に従って

□ 784
当
dāng
前 ~のとき

48日目 048 Quick Review
答えは次頁

□ 实用	□ 具体	□ 准	□ 明显
□ 合理	□ 抽象	□ 可靠	□ 显然
□ 正好	□ 准时	□ 周到	□ 模糊
□ 及时	□ 准确	□ 明确	□ 直接

要根据上下文的内容来理解这句话。Yào gēnjù shàngxiàwén de nèiróng lái lǐjiě zhè jù huà. 文脈に基づいてこの話を理解しなければなりません。
你有什么根据? Nǐ yǒu shénme gēnjù?
あなたはどんな根拠があるのですか。

还是由我来给他打电话吧。
Háishi yóu wǒ lái gěi tā dǎ diànhuà ba.
やはり私から彼に電話をしましょう。

关于这个问题，我们已经提出了解决方法。
Guānyú zhège wèntí, wǒmen yǐjīng tíchūle jiějué fāngfǎ.
この問題に関して、我々はすでに解決方法を提出済みです。

对于这一点，我很有信心。
Duìyú zhè yì diǎn, wǒ hěn yǒu xìnxīn.
この点については、自信があります。

由于天气不好，航班取消了。
Yóuyú tiānqì bù hǎo, hángbān qǔxiāo le.
天気が良くないので、フライトはキャンセルになりました。

我想把日元换成人民币。
Wǒ xiǎng bǎ rìyuán huànchéng rénmínbì.
私は日本円を人民元に両替したいです。

随着经历的增加，他越来越自信了。
Suízhe jīnglì de zēngjiā, tā yuè lái yuè zìxìn le.
経験の増加に伴い、彼はますます自信をつけてきました。

当我回来的时候，太阳已经落山了。
Dāng wǒ huílai de shíhou, tàiyang yǐjīng luò shān le.
私が帰ってきたときには、太陽はもう沈んでいました。

□ 実用的である
□ 合理的である
□ ちょうど良い
□ ちょうど良いときである

□ 具体的である
□ 抽象的である
□ 時間どおりに
□ 正確である

□ 正確である
□ 信頼できる
□ 行き届いている
□ 明確である

□ 明らかである
□ 明らかである
□ はっきりしない
□ 直接の

まとめて覚えよう ー 身体

❶	脸	liǎn	顔
❷	眼睛	yǎnjing	目
❸	鼻子	bízi	鼻
❹	耳朵	ěrduo	耳
❺	嘴	zuǐ	口
❻	牙齿	yáchǐ	歯
❼	脖子	bózi	首
❽	肩膀	jiānbǎng	肩
❾	头	tóu	頭
❿	头发	tóufa	髪の毛
⓫	手臂	shǒubì	腕
⓬	手	shǒu	手
⓭	手指	shǒuzhǐ	手の指
⓮	肚子	dùzi	おなか
⓯	屁股	pìgu	お尻
⓰	背	bèi	背
⓱	膝盖	xīgài	ひざ
⓲	脚	jiǎo	足(くるぶしからつま先部分)
⓳	腿	tuǐ	足(くるぶしから上の部分)

キクタン中国語

8週目

✓学習したらチェック！

■ 50日目　名詞20
■ 51日目　名詞21／代詞1
■ 52日目　動詞21
■ 53日目　動詞22／助詞1
■ 54日目　形容詞8
■ 55日目　形容詞9／助動詞1
■ 56日目　接続詞1

中国語で言ってみよう！

私は彼女の話に少しの疑いも持っていません。

（答えは797）

50日目 名詞20

Check 1 050

□ 785 ✎階

阶段

jiēduàn

名 段階

□ 786 ✎過

过程

guòchéng

名 過程、プロセス

□ 787

形式

xíngshì

名 形式

□ 788

理由

lǐyóu

名 理由

量 个 ge、条 tiáo、点 diǎn

□ 789

道理

dàoli

名 道理、わけ、理由

量 个 ge、条 tiáo

□ 790 ✎論

理论

lǐlùn

名 理論

□ 791

方式

fāngshì

名 方式、形式、やり方、様式

□ 792

做法

zuòfa

名 方法、やり方

同 作法 zuòfa

量 种 zhǒng

继续
▼

(794)中国語は単に中国で使うことができるだけではなく、中国以外の旅行先でもよく耳にしますね。

Check 2

🎧 106

他的法语水平还是初学者阶段。
Tā de Fǎyǔ shuǐpíng háishi chūxuézhě jiēduàn.
彼のフランス語のレベルはまだ初学者の段階です。

在学习的过程中会遇到很多难题。
Zài xuéxí de guòchéng zhōng huì yùdào hěn duō nántí.
学習の過程では多くの難題に出くわします。

这种服务形式在中国很少见。
Zhè zhǒng fúwù xíngshì zài Zhōngguó hěn shǎojiàn.
このサービス形式は中国ではあまり見られません。

你总是有很多理由不参加活动。
Nǐ zǒngshì yǒu hěn duō lǐyóu bù cānjiā huódòng.
あなたはいつも多くの理由で活動に参加しませんね。

你说的话很有道理。
Nǐ shuō de huà hěn yǒu dàoli.
あなたの話はとても道理にかなっています。

他提出了新的经济理论。
Tā tíchūle xīn de jīngjì lǐlùn.
彼は新しい経済理論を発表しました。

用这种方式对待同学不太好。
Yòng zhè zhǒng fāngshì duìdài tóngxué bú tài hǎo.
こんなやり方でクラスメートに対するのはあまり良くありません。

他的做法受到了大家的批评。
Tā de zuòfa shòudàole dàjiā de pīpíng.
彼のやり方は皆の批判を受けました。

继续
▼

名詞20

Check 1

050

□ 793

手段

shǒuduàn

名 手段、方法

□ 794 ✎処

用处

yòngchù

名 用途

□ 795 ✎効

效果

xiàoguǒ

名 効果

□ 796

成就

chéngjiù

名 成果、成就、達成、業績

□ 797 ✎問

疑问

yíwèn

名 疑問、問題、疑わしい点

□ 798

矛盾

máodùn

名 矛盾

形 矛盾している、つじつまが合わない

□ 799 ✎真

真理

zhēnlǐ

名 真理

□ 800 ✎判

判断

pànduàn

名 判断

動 判断する

49日目 049
Quick Review
答えは次頁

□ 仍然	□ 难道	□ 根据	□ 由于
□ 果然	□ 大约	□ 由	□ 把
□ 重新	□ 按照	□ 关于	□ 随着
□ 反复	□ 以	□ 对于	□ 当

听广播是学习外语的一种有效手段。
Tīng guǎngbō shì xuéxí wàiyǔ de yì zhǒng yǒuxiào shǒuduàn.
放送を聴くのは外国語を勉強する 1 つの有効な手段です。

他认为中文的用处非常大。
Tā rènwéi Zhōngwén de yòngchù fēicháng dà.
彼は中国語の用途は非常に広いと考えています。

这种新药的效果非常好。
Zhè zhǒng xīnyào de xiàoguǒ fēicháng hǎo.
この新薬の効果は非常に素晴らしいです。

只有虚心学习，才能取得新的成就。
Zhǐyǒu xūxīn xuéxí, cái néng qǔdé xīn de chéngjiù.
謙虚な気持ちで学習してこそ新たな成果を得ることができます。

我对她的话一点儿疑问也没有。
Wǒ duì tā de huà yìdiǎnr yíwèn yě méiyǒu.
私は彼女の話に少しの疑いも持っていません。

我们之间没有什么矛盾。 **Wǒmen zhījiān méiyǒu shénme máodùn.**
我々の間には何の矛盾もありません。
答应还是不答应，她心里很矛盾。 **Dāying háishi bù dāying, tā xīn li hěn máodùn.** 承知するかしないか、彼女の心は揺れています。

他为追求真理贡献了自己的一生。
Tā wèi zhuīqiú zhēnlǐ gòngxiànle zìjǐ de yìshēng.
彼は真理を追究するために自分の一生を捧げました。

他对这个问题的判断是错误的。 **Tā duì zhège wèntí de pànduàn shì cuòwù de.** 彼のこの問題に対する判断は間違っています。
我们要分析判断目前的经济形势。 **Wǒmen yào fēnxī pànduàn mùqián de jīngjì xíngshì.** 我々は現在の経済情勢を分析し判断しなければいけません。

□ 依然として	□ まさか～ではあるまい	□ ～に基づいて	□ ～による
□ 果たして	□ 約	□ ～によって	□ ～を
□ 再び	□ ～に照らして	□ ～に関して	□ ～と同時に
□ 繰り返し	□ ～によって	□ ～について	□ ～のとき

51日目 名詞21 ／代詞1

Check 1 🎧051

□801 ✎責
责任
zérèn
名 責任
反 负责 fùzé（責任を負う）

□802 ✎価値
价值
jiàzhí
名 価値、値打ち、意味

□803 ✎結構
结构
jiégòu
! 名 構成、仕組み

□804 ✎構
构造
gòuzào
名 構造、構成

□805 ✎標準
标准
biāozhǔn
名 基準、標準
形 標準的である

□806 ✎礎
基础
jīchǔ
名 基礎、基点

□807
根本
gēnběn
名 根本
形 根本的な
形 もともと、まったく

□808
全体
quántǐ
名 全体
⇔ 一半 yíbàn（半分）

继续
▼

"重点大学"というカテゴリーに入っている"北京大学、清华大学"は世界ランキングも上昇しています。

Check 2

107

造成这样的后果，你也有责任。
Zàochéng zhèyàng de hòuguǒ, nǐ yě yǒu zérèn.
こんな結果になったのは君にも責任があります。

这个研究项目非常有价值。
Zhège yánjiū xiàngmù fēicháng yǒu jiàzhí.
この研究プロジェクトは非常に価値があります。

我们公司正在进行产品结构的调整。
Wǒmen gōngsī zhèngzài jìnxíng chǎnpǐn jiégòu de tiáozhěng.
我が社は今、製品構成の調整中です。

这座大楼的抗震构造很先进。
Zhè zuò dàlóu de kàngzhèn gòuzào hěn xiānjìn.
このビルの耐震構造は先進的です。

工厂应该按国家标准安全生产。 Gōngchǎng yīnggāi àn guójiā biāozhǔn ānquán shēngchǎn. 工場は国家基準に従って安全に生産すべきです。
你说的普通话非常标准。 Nǐ shuō de pǔtōnghuà fēicháng biāozhǔn.
あなたの話す共通語は非常に標準的です。

不管学习什么，都要打好基础。
Bùguǎn xuéxí shénme, dōu yào dǎhǎo jīchǔ.
何を勉強するにせよ、基礎を固めるべきです。

这就是问题的根本。 Zhè jiùshì wèntí de gēnběn. これこそが問題の根本です。
事故的根本原因是安全管理不严格。 Shìgù de gēnběn yuányīn shì ānquán guǎnlǐ bù yángé. 事故の根本原因は、安全管理が厳格でないことです。
他根本不爱我。 Tā gēnběn bú ài wǒ. 彼はもともと私のことを愛していません。

全体同学都参加了演讲会。
Quántǐ tóngxué dōu cānjiāle yǎnjiǎnghuì.
全ての学生が講演会に参加しました。

继续 ▼

名詞21 ／代詞1

Check 1

051

□ 809
一半
yíbàn

名 **半分**
⇔ 全体 quántǐ（全体）

□ 810 関鍵
关键
guānjiàn

名 **キーポイント、カギ**
形 重要だ
いわゆる「かぎ」は“钥匙 yàoshi”

□ 811
重点
zhòngdiǎn

名 **重点**

□ 812 観
观点
guāndiǎn

名 **観点、見地、見方**

□ 813
如何
rúhé

代 **いかが**

□ 814
任何
rènhé

代 **いかなる～も、どんな～も**

□ 815
另外
lìngwài

代 **ほかの**
副 ほかに
接 そのほか

□ 816
人家
rénjia

! 代 **ほかの人、他人**
名 人家 rénjiā（人家）

50日目 050
Quick Review
答えは次頁

□ 阶段	□ 道理	□ 手段	□ 疑问
□ 过程	□ 理论	□ 用处	□ 矛盾
□ 形式	□ 方式	□ 效果	□ 真理
□ 理由	□ 做法	□ 成就	□ 判断

我今天没有胃口，饭只吃了一半。
Wǒ jīntiān méiyǒu wèikǒu, fàn zhǐ chīle yíbàn.
私は今日は食欲がないので、ご飯を半分だけ食べました。

解决问题的关键不在这里。Jiějué wèntí de guānjiàn bú zài zhèli.
問題解決のカギはここではありません。
今后的三年是非常关键的时期。Jīnhòu de sān nián shì fēicháng guānjiàn de shíqī. これからの3年は非常に重要な時期です。

今年工作的重点是发展经济。Jīnnián gōngzuò de zhòngdiǎn shì fāzhǎn jīngjì. 今年の任務の重点は経済を発展させることです。
我准备重点复习语法部分。Wǒ zhǔnbèi zhòngdiǎn fùxí yǔfǎ bùfen.
私は文法の部分を重点的に復習するつもりです。

这篇论文的观点不太明确。
Zhè piān lùnwén de guāndiǎn bú tài míngquè.
この論文の観点はあまり明確ではありません。

他们正在讨论如何处理这件事。
Tāmen zhèngzài tǎolùn rúhé chǔlǐ zhè jiàn shì.
彼らはこの件をどう処理するか検討中です。

在酒店的任何地方都可以无线上网。
Zài jiǔdiàn de rènhé dìfang dōu kěyǐ wúxiàn shàngwǎng.
ホテル内はどこでもWi-Fiでネット接続が可能です。

我和另外几个朋友一起去。Wǒ hé lìngwài jǐ ge péngyou yìqǐ qù.
私はほかの数人の友達と一緒に行きます。
我又另外补充了几点建议。Wǒ yòu lìngwài bǔchōngle jǐ diǎn jiànyì.
私はほかにもいくつかの提案を補足しました。

人家能做好的事，我也能做好。
Rénjia néng zuòhǎo de shì, wǒ yě néng zuòhǎo.
ほかの人ができることは私にもできます。

□ 段階	□ 道理	□ 手段	□ 疑問
□ 過程	□ 理論	□ 用途	□ 矛盾
□ 形式	□ 方式	□ 効果	□ 真理
□ 理由	□ 方法	□ 成果	□ 判断

動詞21

Check 1

052

□ 817
形成
xíngchéng
動 形成する、～になる

□ 818
形容
xíngróng
動 形容する
名 顔かたち、容貌

□ 819
等于
děngyú
動 ～に等しい、～と同じである

□ 820
占
zhàn
! 動 占拠する、占める

□ 821
属于
shǔyú
動 ～に属する、～のものである

□ 822 値
值得
zhí▾de
動 ～する値打ちがある

□ 823 敢
不敢
bùgǎn
動 ～する勇気がない、～できない

□ 824
不如
bùrú
動 ～に及ばない、（前後に同一の数量詞を繰り返し）～ごとに悪くなる

继续
▼

1+1=2を中国語で言うと"一加一等于二。Yī jiā yī děngyú èr."です。

Check 2

108

大家已经形成了环境保护的意识。

Dàjiā yǐjīng xíngchéngle huánjìng bǎohù de yìshi.

皆すでに環境保護に関する意識を持っています。

杭州的西湖美得难以形容。

Hángzhōu de Xīhú měide nányǐ xíngróng.

杭州の西湖は言葉では言い表せないほど美しいです。

一米等于三尺，一公斤等于两斤。

Yì mǐ děngyú sān chǐ, yì gōngjīn děngyú liǎng jīn.

1メートルは3尺、1キログラムは2斤と同じです。

他占了别人的房子。

Tā zhànle biéren de fángzi.

彼は他人の家を占拠しました。

胜利最终属于我们。

Shènglì zuìzhōng shǔyú wǒmen.

勝利は最終的に我々のものになります。

她的精神值得我们学习。

Tā de jīngshén zhíde wǒmen xuéxí.

彼女の精神は私たちが学ぶに値します。

这次考试很重要，我不敢有一点儿马虎。

Zhè cì kǎoshì hěn zhòngyào, wǒ bùgǎn yǒu yìdiǎnr mǎhu.

今回の試験は大事なので、私は少しもいい加減にはできません。

他的身体现在是一天不如一天了。

Tā de shēntǐ xiànzài shì yì tiān bùrú yì tiān le.

彼の体は今、日一日と悪くなる一方です。

继续 ▼

動詞21

Check 1

🎧 052

□ 825
比如
bǐrú
動 例えば、～を例える

□ 826
走路
zǒu▼lù
動 歩く、歩行する

□ 827 ✎門
出门
chū▼mén
動 外出する

□ 828 ✎飛
起飞
qǐfēi
動（飛行機が）飛び立つ、離陸する
⇔ 降落 jiàngluò／着陆 zhuó▼lù（着陸する）

□ 829 ✎動
移动
yídòng
動 移動する、動く、移る

□ 830
移
yí
動 動かす、移動させる

□ 831 ✎深
深入
shēnrù
動 深く入る
形 深く掘り下げている

□ 832
退
tuì
! 動 返す、下がる、退出する、取り消す
⇔ 进 jìn（進む）

51日目🎧051
Quick Review
答えは次頁

□ 责任	□ 标准	□ 一半	□ 如何
□ 价值	□ 基础	□ 关键	□ 任何
□ 结构	□ 根本	□ 重点	□ 另外
□ 构造	□ 全体	□ 观点	□ 人家

我不爱吃甜的东西，比如巧克力。
Wǒ bú ài chī tián de dōngxi, bǐrú qiǎokèlì.
私は甘いものが好きではありません、たとえばチョコレートです。

走路的时候注意安全，别看手机。
Zǒulù de shíhou zhùyì ānquán, bié kàn shǒujī.
道を歩くときは安全に注意し、携帯電話を見ないように。

我和他一起出门了。
Wǒ hé tā yìqǐ chūmén le.
私は彼と一緒に出かけました。

飞机已经起飞了。
Fēijī yǐjīng qǐfēi le.
飛行機はすでに離陸しました。

请大家向前移动一下。
Qǐng dàjiā xiàng qián yídòng yíxià.
皆さん、前のほうに少し移動してください。

请帮我移一下这个书架好吗？
Qǐng bāng wǒ yí yíxià zhège shūjià hǎo ma?
この本棚を少し動かすのを手伝ってもらえますか。

这个观念已经深入人心。**Zhège guānniàn yǐjīng shēnrù rénxīn.**
この観念はすでに人の心に深く入っていきました。
对这个问题我们需要做深入的调查。**Duì zhège wèntí wǒmen xūyào zuò shēnrù de diàochá.** この問題について我々は掘り下げて調査する必要があります。

客人坚决要求退货。
Kèren jiānjué yāoqiú tuìhuò.
お客さんは返品を強く要求しました。

- □ 責任
- □ 価値
- □ 構成
- □ 構造
- □ 基準
- □ 基礎
- □ 根本
- □ 全体
- □ 半分
- □ キーポイント
- □ 重点
- □ 観点
- □ いかが
- □ いかなる〜も
- □ ほかの
- □ ほかの人

動詞22 ／助詞1

Check 1

🎧 053

□ 833
落
luò
[動] **落ちる、下がる**

□ 834
通
tōng
[!] [動] **通じる、通す**
[形] 筋が通っている

□ 835 ✎転
转
zhuǎn
[動] **（方向を）変える、転換する**
[音] 转 zhuàn（回る）

□ 836 ✎複
重复
chóngfù
[動] **繰り返す、重複する**
[≒] 反复 fǎnfù

□ 837 ✎隔
隔
gé
[動] **隔てる**

□ 838
接近
jiējìn
[動] **接近する、近寄る、近づく**

□ 839 ✎連
连
lián
[!] [動] **つながる**
[副] 続けて～する
[前] ～さえも、～までも

□ 840 ✎組
组成
zǔchéng
[動] **組み合わせる、構成する**

继续
▼

"打开"の反対は"关闭 guānbì"というように、語彙量を増やすには反義語にも注目するのがいいでしょう。

Check 2

🎧 109

下了一场雨，樱花都落了。
Xiàle yì cháng yǔ, yīnghuā dōu luò le.
ひと雨降って、サクラは皆散りました。

俗话说“条条大路通罗马”。 Súhuà shuō “Tiáotiáo dàlù tōng Luómǎ”.
ことわざでは「全ての道はローマに通ず」と言われています。
这个道理跟他说不通。 Zhège dàoli gēn tā shuō bu tōng.
この道理は彼に言っても通じません。

请在前面向左转。
Qǐng zài qiánmiàn xiàng zuǒ zhuǎn.
この先を左に曲がってください。

我重复说了好几遍，她还是没听懂。
Wǒ chóngfù shuōle hǎo jǐ biàn, tā háishi méi tīngdǒng.
私は何度も繰り返して言いましたが、彼女はやはり理解していません。

我家和田中家只隔一条街。
Wǒ jiā hé Tiánzhōng jiā zhǐ gé yì tiáo jiē.
私の家と田中くんの家は、通りを 1 つ隔てただけです。

第十号台风已经接近九州了。
Dì-shí hào táifēng yǐjīng jiējìn Jiǔzhōu le.
台風 10 号はすでに九州に接近しました。

这两台电脑连不起来。 Zhè liǎng tái diànnǎo liánbuqilai. この2台のパソコンはつなげられません。 **他连胜了五场。** Tā lián shèngle wǔ chǎng. 彼は5連勝しました。 **今天忙得连吃饭的时间都没有。** Jīntiān mángde lián chī fàn de shíjiān dōu méiyǒu. 今日は忙しくて食事をとる時間すらありませんでした。

这个合唱团是由全国的小学生组成的。
Zhège héchàngtuán shì yóu quánguó de xiǎoxuéshēng zǔchéng de.
この合唱団は全国の小学生で結成されています。

继续
▼

動詞22 ／助詞1

Check 1

053

□ 841 ✎達
到达
dàodá
動 **到着する、到達する**
⇌ 达到 dá▾dào

□ 842 ✎達
达到
dá▾dào
動 **達する、実現する**
⇌ 到达 dàodá
耳 動 打倒 dǎ▾dǎo（打倒する）

□ 843
回国
huí guó
動 **帰国する**

□ 844
集合
jíhé
動 **集合する、集まる**

□ 845 ✎開
打开
dǎ▾kāi
動 **開ける、(テレビなどを)つける、打開する**
例 打开电灯 dǎkāi diàndēng（電灯をつける）
打开电视 dǎkāi diànshì（テレビをつける）
⇔ 关闭 guānbì（閉める）

□ 846 ✎尋
寻找
xúnzhǎo
動 **探し求める、探す**

□ 847
挑
tiāo
! 動 **選ぶ、担ぐ**

□ 848 ✎似
似的
shìde
助 **～のようである**

52日目 052
Quick Review
答えは次頁

□ 形成	□ 属于	□ 比如	□ 移动
□ 形容	□ 值得	□ 走路	□ 移
□ 等于	□ 不敢	□ 出门	□ 深入
□ 占	□ 不如	□ 起飞	□ 退

我们坐的飞机预计下午三点到达北京。
Wǒmen zuò de fēijī yùjì xiàwǔ sān diǎn dàodá Běijīng.
私たちが乗る飛行機は、午後3時に北京に到着する予定です。

他们的产品已经达到了世界先进水平。
Tāmen de chǎnpǐn yǐjīng dádàole shìjiè xiānjìn shuǐpíng.
彼らの製品はすでに世界の先進レベルに達しました。

回国后，我会给你打电话的。
Huí guó hòu, wǒ huì gěi nǐ dǎ diànhuà de.
帰国したら、あなたに電話をします。

请大家明早七点在学校门口集合。
Qǐng dàjiā míng zǎo qī diǎn zài xuéxiào ménkǒu jíhé.
皆さん明朝7時に校門に集合してください。

他打开旅行包让工作人员检查。
Tā dǎkāi lǚxíngbāo ràng gōngzuò rényuán jiǎnchá.
彼はスーツケースを開けて係員に検査させました。

科学家们正在寻找一种新药。
Kēxuéjiāmen zhèngzài xúnzhǎo yì zhǒng xīnyào.
科学者たちはまさに新薬を探し求めています。

他给女朋友挑了一件小礼物。
Tā gěi nǚpéngyou tiāole yí jiàn xiǎo lǐwù.
彼はガールフレンドのためにちょっとした贈り物を選びました。

他像不认识我似的。
Tā xiàng bú rènshi wǒ shìde.
彼は私のことを知らないようです。

□ 形成する	□ ～に属する	□ 例えば	□ 移動する
□ 形容する	□ ～する値打ちがある	□ 歩く	□ 動かす
□ ～に等しい	□ ～する勇気がない	□ 外出する	□ 深く入る
□ 占拠する	□ ～に及ばない	□ (飛行機が)飛び立つ	□ 返す

形容詞8

Check 1 054

□ 849 進

先进
xiānjìn

形 進んでいる

□ 850 発達

发达
fādá

形 発達する、盛んである

□ 851

光
guāng

! 形 何もない、何も残っていない、つるつるしている
副 ただ、だけ
名 光

□ 852

久
jiǔ

形 久しい、(時間が) 長い

□ 853

好久
hǎojiǔ

形 長い間

□ 854

不久
bùjiǔ

形 ほどなく、間もなく、やがて

□ 855 遍

普遍
pǔbiàn

形 一般的である

□ 856

特殊
tèshū

形 特殊な、特別な

继续 ▼

(855)"妇女能顶半边天"(女性は天の半分を支える)という言葉のとおり、中国は夫婦共稼ぎが一般的です。

Check 2

110

这个国家的环保技术很先进。
Zhège guójiā de huánbǎo jìshù hěn xiānjìn.
この国の環境保護技術は進んでいます。

日本的汽车制造业非常发达。
Rìběn de qìchē zhìzàoyè fēicháng fādá.
日本の自動車製造業は非常に発達しています。

他把酒都喝光了。Tā bǎ jiǔ dōu hēguāng le. 彼はお酒を全部飲み干しました。
他下午光玩儿了，作业一点儿都没做。Tā xiàwǔ guāng wánr le, zuòyè yìdiǎnr dōu méi zuò. 彼は午後は遊んだだけで、宿題は少しもしていません。

等了很久他还没来。
Děngle hěn jiǔ tā hái méi lái.
長いこと待ちましたが、彼はまだ来ません。

我好久没见到她了。
Wǒ hǎojiǔ méi jiàndào tā le.
私は長い間彼女と会っていません。

过了不久他就回来了。
Guòle bùjiǔ tā jiù huílai le.
ほどなくして彼は戻って来ました。

夫妻两个人都工作的家庭在中国很普遍。
Fūqī liǎng ge rén dōu gōngzuò de jiātíng zài Zhōngguó hěn pǔbiàn.
夫婦 2 人とも働いている家庭は中国では一般的です。

这次的情况有点儿特殊。
Zhè cì de qíngkuàng yǒudiǎnr tèshū.
今回の状況は少し特殊です。

继续
▼

形容詞8

Check 1 054

□ 857
独特
dútè
形 **独特である、特有である**

□ 858
意外
yìwài
形 **意外である**
名 突発的な事件

□ 859
基本
jīběn
形 **基本的な、根本的な**

□ 860 ✎個
整个
zhěnggè
形 **全部の、全体の**
“个”は gè と第 4 声で発音する

□ 861
全
quán
形 **全ての、全て整っている**

□ 862
同
tóng
形 **同じである**
! 前 ～と
! 接 ～と

□ 863
全面
quánmiàn
形 **全面的である**
⇔ 片面 piànmiàn（偏っている）

□ 864
片面
piànmiàn
! 形 **(一方に)偏っている、全面的でない、不公平な**
⇔ 全面 quánmiàn（全面的である）

53日目 053
Quick Review
答えは次頁

□ 落	□ 隔	□ 到达	□ 打开
□ 通	□ 接近	□ 达到	□ 寻找
□ 转	□ 连	□ 回国	□ 挑
□ 重复	□ 组成	□ 集合	□ 似的

Check 2

110

这种茶有一种独特的香味。
Zhè zhǒng chá yǒu yì zhǒng dútè de xiāngwèi.
このお茶は独特な香りがします。

他的话让我感到很意外。Tā de huà ràng wǒ gǎndào hěn yìwài.
彼の話を私はとても意外に感じました。
听说那个旅游团发生了意外。Tīngshuō nàge lǚyóutuán fāshēngle yìwài. そのツアーで不慮の事故が発生したそうです。

家庭是社会的基本单位。
Jiātíng shì shèhuì de jīběn dānwèi.
家庭は社会の基本的な単位です。

整个晚上他都在玩儿电子游戏。
Zhěnggè wǎnshang tā dōu zài wánr diànzǐ yóuxì.
一晩中彼はゲームで遊んでいます。

祝您全家幸福！ Zhù nín quánjiā xìngfú!
ご家族の皆さんが幸せでありますように！
这套餐具不全。Zhè tào cānjù bù quán.
この食器セットはそろっていません。

我们俩的性格完全不同。Wǒmen liǎ de xìnggé wánquán bù tóng.
私たち 2 人の性格は全く違います。
她同王老师谈了一个小时。Tā tóng Wáng lǎoshī tánle yí ge xiǎoshí.
彼女は王先生と 1 時間話しました。

他看问题很尖锐，也很全面。
Tā kàn wèntí hěn jiānruì, yě hěn quánmiàn.
彼は問題の見方が鋭く、俯瞰的でもあります。

你的分析太片面了。
Nǐ de fēnxī tài piànmiàn le.
君の分析は偏りすぎています。

□ 落ちる	□ 隔てる	□ 到着する	□ 開ける
□ 通じる	□ 接近する	□ 達する	□ 探し求める
□（方向を）変える	□ つながる	□ 帰国する	□ 選ぶ
□ 繰り返す	□ 組み合わせる	□ 集合する	□ ～のようである

形容詞9 ／助動詞1

Check 1

🎧 055

□ 865 ✏際
国际
guójì
形 国際的な
名 国際

□ 866
公共
gōnggòng
形 公共の、共同の

□ 867
共同
gòngtóng
形 共通の、共同の
副 共同で、一緒に

□ 868 ✏様
同样
tóngyàng
形 同じである

□ 869
一致
yízhì
形 一致している
副 一直 yìzhí（真っすぐに）

□ 870
不同
bùtóng
形 同じでない、違っている、異なっている
動 不通 bùtōng（意味が通じない）

□ 871 ✏似
相似
xiāngsì
形 似ている

□ 872 ✏反
相反
xiāngfǎn
形 相反する、逆である

继续
▼

(870)中国語には七大方言(十大方言とも)がありますが、各方言は外国語ほどの差があると言われています。

Check 2

111

他在很多国际组织里工作过。 Tā zài hěn duō guójì zǔzhī li gōngzuòguo. 彼は多くの国際組織で働いたことがあります。

他的论文在国际上很有影响。 Tā de lùnwén zài guójì shang hěn yǒu yǐngxiǎng. 彼の論文は国際的にとても影響があります。

公共场所不许吸烟。

Gōnggòng chǎngsuǒ bùxǔ xī yān.

公共の場所では喫煙してはいけません。

世界和平是人类的共同目标。 Shìjiè hépíng shì rénlèi de gòngtóng mùbiāo. 世界平和は人類の共通の目標です。

我们要共同完成这项任务。 Wǒmen yào gòngtóng wánchéng zhè xiàng rènwu. 我々は共にこの任務を完了しなければいけません。

这两个问题可以用同样的方法来解决。

Zhè liǎng ge wèntí kěyǐ yòng tóngyàng de fāngfǎ lái jiějué.

この 2 つの問題は同じ方法で解決できます。

在这个问题上大家意见一致。

Zài zhège wèntí shang dàjiā yìjian yízhì.

この問題では皆の意見は一致しています。

讲不同方言的人交流起来很困难。

Jiǎng bùtóng fāngyán de rén jiāoliúqilai hěn kùnnan.

異なる方言を話す人がコミュニケーションをとるのは難しいです。

我和他的性格很相似。

Wǒ hé tā de xìnggé hěn xiāngsì.

私と彼の性格は似ています。

他们俩的性格正相反。

Tāmen liǎ de xìnggé zhèng xiāngfǎn.

彼ら 2 人の性格は正反対です。

继续
▼

形容詞9 ／助動詞1

Check 1

🎧 055

□ 873 ✎所謂
所谓
suǒwèi
形 **いわゆる**

□ 874 ✎観
主观
zhǔguān
形 **主観的である**
名 主観
⇔ **客观 kèguān**（客観的である）

□ 875
男
nán
形 **男**
📖 "**男 / 女**"は、男女を区別する形容詞で日本語のように 1 字では使えない
男的 nánde（男）　**男生 nánshēng**（男子学生）

□ 876
女
nǚ
形 **女**
関 **女的 nǚde**（女）
女生 nǚshēng（女子学生）

□ 877 ✎絶対
绝对
juéduì
形 **絶対である**
副 絶対に、きっと
⇔ **相对 xiāngduì**（相対的である）

□ 878
充分
chōngfèn
形 **十分である**
副 十分に

□ 879
能够
nénggòu
助動 **～できる**
📖 書き言葉で多く用いられ、能力や条件があってできる場合に使う

□ 880 ✎該
该
gāi
助動 **～すべきである**

54日目🎧054 Quick Review
答えは次頁

□ 先进	□ 好久	□ 独特	□ 全
□ 发达	□ 不久	□ 意外	□ 同
□ 光	□ 普遍	□ 基本	□ 全面
□ 久	□ 特殊	□ 整个	□ 片面

这就是所谓的东西文化差别。
Zhè jiùshì suǒwèi de dōngxī wénhuà chābié.
これがいわゆる東西文化の違いです。

他什么都好，就是有时太主观。
Tā shénme dōu hǎo, jiùshì yǒushí tài zhǔguān.
彼は何でも素晴らしいのですが、ただ時々とても主観的です。

今天会上有一个男的特别没礼貌。
Jīntiān huì shang yǒu yí ge nánde tèbié méi lǐmào.
今日の会に特別失礼な男性がいました。

那个女的是谁?
Nàge nǚde shì shéi?
その女性は誰ですか。

别把话说得太绝对了。 Bié bǎ huà shuōde tài juéduì le.
決めつけた言い方をしないでください。
你放心吧，他绝对不会有问题。 Nǐ fàngxīn ba, tā juéduì bú huì yǒu wèntí. 安心してください、彼はきっと問題ありません。

我们已经准备得很充分了。 Wǒmen yǐjīng zhǔnbèide hěn chōngfèn le.
我々はもう十分に準備をしました。
这篇报告充分表达了他的事业心。 Zhè piān bàogào chōngfèn biǎodále tā de shìyèxīn. この報告書は彼の事業への意欲を十分に表しています。

希望你们能够协助这项工作。
Xīwàng nǐmen nénggòu xiézhù zhè xiàng gōngzuò.
あなたがたがこの仕事に協力してくださることを願っています。

太晚了，我们该走了。
Tài wǎn le, wǒmen gāi zǒu le.
遅くなったので、私たちそろそろ失礼します。

□ 進んでいる	□ 長い間	□ 独特である	□ 全ての
□ 発達する	□ ほどなく	□ 意外である	□ 同じである
□ 何もない	□ 一般的である	□ 基本的な	□ 全面的である
□ 久しい	□ 特殊な	□ 全部の	□ (一方に)偏っている

接続詞1

Check 1 🎧056

□ 881 ✎以
以及
yǐjí
接 および、ならびに、そしてまた

□ 882
因而
yīn'ér
接 それゆえに、それだから、それによって

□ 883
然而
rán'ér
接 そうではあるが

□ 884
不然
bùrán
接 さもなければ

□ 885 ✎既
既然
jìrán
接 ～したからには

□ 886
不管
bùguǎn
接 ～にもかかわらず、～であろうと
＝ 尽管 jǐnguǎn、不论 búlùn

□ 887 ✎僅
不仅
bùjǐn
接 ～ばかりでなく、～だけでない

□ 888 ✎並
并且
bìngqiě
接 しかも、かつ、また

继续
▼

呼応表現はペアで覚えておくのが鉄則ですが、往々にして省略されることがあるので、要注意です。

Check 2

112

刘老师以及同学们来看望她了。

Liú lǎoshī yǐjí tóngxuémen lái kànwàng tā le.

劉先生、ならびに同級生たちが彼女を見舞いに来ました。

他工作稳定，因而生活有保障。

Tā gōngzuò wěndìng, yīn'ér shēnghuó yǒu bǎozhàng.

彼は仕事が安定しているので、生活は保障されています。

他没有成功，然而并没有放弃。

Tā méiyou chénggōng, rán'ér bìng méiyou fàngqì.

彼は成功していませんが、決してあきらめたわけではありません。

你多穿一点儿，不然会感冒的。

Nǐ duō chuān yìdiǎnr, bùrán huì gǎnmào de.

もっと着なさい、そうでないと風邪をひきますよ。

既然时间来不及，我们就不去吃饭了。

Jìrán shíjiān láibují, wǒmen jiù bú qù chī fàn le.

時間に間に合わないのなら、私たちは食事に行くのはやめます。

不管多难也要坚持下去。

Bùguǎn duō nán yě yào jiānchíxiaqu.

どんなに難しくてもやり続けなければいけません。

他不仅会弹钢琴，而且歌唱得也非常好。

Tā bùjǐn huì tán gāngqín, érqiě gē chàngde yě fēicháng hǎo.

彼はピアノが弾けるだけでなく、歌を歌うのも非常に上手です。

他不仅会普通话，并且还会广东话。

Tā bùjǐn huì pǔtōnghuà, bìngqiě hái huì Guǎngdōnghuà.

彼は共通語だけでなく、広東語もできます。

继续
▼

56日目 接続詞1

Check 1 ⌒ 056

□ 889
万一
wànyī
[接] 万が一、ひょっとしたら

□ 890 ✎論
不论
búlùn
[接] ～であろうと、～を問わず
[同] 不管 bùguǎn

□ 891 ✎無論
无论
wúlùn
[接] ～にかかわらず、～を問わず
[同] 不管 bùguǎn
[注] "无论～都 / 也… wúlùn～dōu / yě…"の形で使うことが多い

□ 892
假如
jiǎrú
[接] もしも～なら、仮に～ならば
[同] 假若 jiǎruò 、假使 jiǎshǐ

□ 893
于是
yúshì
[接] そこで

□ 894
例如
lìrú
[接] 例えば

□ 895
即使
jíshǐ
[接] たとえ～でも
[注] "即使～也 / 还… jíshǐ～yě / hái…" の形で使うことが多い

□ 896
哪怕
nǎpà
[接] たとえ～でも
[注] "哪怕～都 / 也 / 还… nǎpà～dōu / yě / hái…" の形で使うことが多く、話し言葉に用いる

55日目⌒055
Quick Review
答えは次頁

□ 国际	□ 一致	□ 所谓	□ 绝对
□ 公共	□ 不同	□ 主观	□ 充分
□ 共同	□ 相似	□ 男	□ 能够
□ 同样	□ 相反	□ 女	□ 该

万一不行的话，我给你打电话。
Wànyī bùxíng dehuà, wǒ gěi nǐ dǎ diànhuà.
万が一だめな場合は、あなたに電話します。

不论什么结果，都应该告诉她。
Búlùn shénme jiéguǒ, dōu yīnggāi gàosu tā.
どんな結果であろうと、すべて彼女に知らせるべきです。

无论什么工作都应该认真完成。
Wúlùn shénme gōngzuò dōu yīnggāi rènzhēn wánchéng.
どんな仕事でもまじめに完成させるべきです。

假如计划明年去留学，现在就应该开始准备了。
Jiǎrú jìhuà míngnián qù liúxué, xiànzài jiù yīnggāi kāishǐ zhǔnbèi le.
もし来年留学に行くことを計画しているなら、今から準備を始めなければなりません。

我很喜欢这件衣服，于是就买下来了。
Wǒ hěn xǐhuan zhè jiàn yīfu, yúshì jiù mǎixialai le.
私はこの服がとても好きなので、すぐに買いました。

我喜欢的蔬菜很多，例如黄瓜、茄子、土豆等。
Wǒ xǐhuan de shūcài hěn duō, lìrú huánggua、qiézi、tǔdòu děng.
私が好きな野菜は多くて、例えばキュウリ、ナス、ジャガイモなどです。

即使天气不好，运动会也要举行。
Jíshǐ tiānqì bù hǎo, yùndònghuì yě yào jǔxíng.
たとえ天気が悪くても、運動会は行います。

哪怕再难，我们也要坚持。
Nǎpà zài nán, wǒmen yě yào jiānchí.
たとえさらに難しくても、私たちはやり通さなければなりません。

- ☐ 国際的な
- ☐ 公共の
- ☐ 共通の
- ☐ 同じである
- ☐ 一致している
- ☐ 同じでない
- ☐ 似ている
- ☐ 相反する
- ☐ いわゆる
- ☐ 主観的である
- ☐ 男
- ☐ 女
- ☐ 絶対である
- ☐ 十分である
- ☐ ～できる
- ☐ ～すべきである

まとめて覚えよう ― 動物・干支

動物		
熊猫	xióngmāo	パンダ
老虎	lǎohǔ	トラ
狮子	shīzi	ライオン
大象	dàxiàng	ゾウ
长颈鹿	chángjǐnglù	キリン
企鹅	qǐ'é	ペンギン
干支		
鼠	shǔ	ネ(子)
牛	niú	ウシ(丑)
虎	hǔ	トラ(寅)
兔	tù	ウ(卯)
龙	lóng	タツ(辰)
蛇	shé	ミ(巳)
马	mǎ	ウマ(午)
羊	yáng	ヒツジ(未)
猴	hóu	サル(申)
鸡	jī	トリ(酉)
狗	gǒu	イヌ(戌)
猪	zhū	イ(亥)

キクタン中国語

巻末付録

3 級レベルで覚えたい

方位詞・量詞・連語・パターン表現・

結果補語・方向補語の派生義・可能補語

方位詞

113

□ 897 ✎底

底下 dǐxia

方 **下、もと**

这堆报纸底下有什么东西?
Zhè duī bàozhǐ dǐxia yǒu shénme dōngxi?

この新聞の束の下には何があるのですか。

□ 898

左 zuǒ

方 **左**
⇔ 右 yòu（右）

请向左看。
Qǐng xiàng zuǒ kàn.

左の方を見てください。

□ 899

右 yòu

方 **右**
⇔ 左 zuǒ（左）

去邮局，在前面的路口向右拐。
Qù yóujú, zài qiánmiàn de lùkǒu xiàng yòu guǎi.

郵便局に行くには、前のつじを右に曲がってください。

□ 900

里面 lǐmiàn

方 **中、内**
＝ 里边 lǐbian

箱子里面装的是我的换洗衣服。
Xiāngzi lǐmiàn zhuāng de shì wǒ de huànxǐ yīfu.

トランクの中に入っているのは着替えです。

□ 901

外面 wàimiàn

方 **外側、表面、見かけ**
＝ 外边 wàibian

这栋楼从外面看很结实。
Zhè dòng lóu cóng wàimiàn kàn hěn jiēshi.

この建物は外から見るとしっかりしています。

□ 902 ✎後

后面 hòumiàn

方 **後方、裏側**
＝ 后边 hòubian

我家后面有一个公园。
Wǒ jiā hòumiàn yǒu yí ge gōngyuán.

私の家の後ろには公園があります。

56日目 056
Quick Review
答えは次頁

□ 以及 □ 既然 □ 万一 □ 于是
□ 因而 □ 不管 □ 不论 □ 例如
□ 然而 □ 不仅 □ 无论 □ 即使
□ 不然 □ 并且 □ 假如 □ 哪怕

□ 903
旁 páng
方 **そば、脇**
旁边 pángbiān
路旁停着一辆出租汽车。
Lùpáng tíngzhe yí liàng chūzū qìchē.
路肩にタクシーが 1 台停まっています。

□ 904 ✎間
之间 zhījiān
方 **～の間**
中日之间的合作关系有了新发展。
Zhōng-Rì zhījiān de hézuò guānxi yǒule xīn fāzhǎn.
日中間の協力関係に新しい発展がありました。

□ 905
之前 zhīqián
方 **～の前、～の前方**
吃饭之前要洗手。
Chī fàn zhīqián yào xǐ shǒu.
食事の前には手を洗わなければいけません。

□ 906 ✎後
之后 zhīhòu
方 **～の後、～の後ろ**
大雨之后，河水迅速上升了。
Dàyǔ zhīhòu, héshuǐ xùnsù shàngshēng le.
大雨の後、川（の水位）はみるみる上昇しました。

□ 907
之上 zhīshàng
方 **～の上**
小王的英语水平在我之上。
Xiǎo-Wáng de Yīngyǔ shuǐpíng zài wǒ zhīshàng.
王くんの英語のレベルは私よりも上です。

□ 908
之下 zhīxià
方 **～の下、～より下、～以下**
相比之下，还是他们公司的产品省电。
Xiāngbǐ zhīxià, háishi tāmen gōngsī de chǎnpǐn shěng diàn.
比べた結果、やはり彼らの会社の製品のほうが省電力です。

□ および
□ それゆえに
□ そうではあるが
□ さもなければ
□ ～したからには
□ ～にもかかわらず
□ ～ばかりでなく
□ しかも
□ 万が一
□ ～であろうと
□ ～にかかわらず
□ もしも～なら
□ そこで
□ 例えば
□ たとえ～でも
□ たとえ～でも

方位詞

🎧 113

□ 909

其中 qízhōng

方 **その中**

我们有几家分公司，其中一家在天津。
Wǒmen yǒu jǐ jiā fēn gōngsī, qízhōng yì jiā zài Tiānjīn.

我々には数社支店があり、そのうち 1 社は天津にあります。

□ 910 ✎後

前后 qiánhòu

方 **（ある時間の）前後、前と後ろ**

春节前后，火车站的人非常多。
Chūn Jié qiánhòu, huǒchēzhàn de rén fēicháng duō.

春節の前後は、駅の人出が非常に多いです。

□ 911

西方 xīfāng

方 **西、西の方、西洋**

西方文化在日本很受年轻人的欢迎。
Xīfāng wénhuà zài Rìběn hěn shòu niánqīngrén de huānyíng.

西洋文化は日本の若者にとても人気があります。

□ 912

面前 miànqián

方 **目の前**

他走到我面前停下了。
Tā zǒudào wǒ miànqián tíngxià le.

彼は私の目の前まで来て立ち止まりました。

量詞

114

□ 913 **部** bù	量 **～部、～本（著作や映画などを数える）**
一部电影 yí bù diànyǐng	1 本の映画
这部电影很受欢迎。 Zhè bù diànyǐng hěn shòu huānyíng.	この映画は大変人気があります。
□ 914 **道** dào	量 **（細長い筋状のもの、命令や問題などを数える）**
一道题 yí dào tí	1 題の問題
这道题他做了半天也没做出来。 Zhè dào tí tā zuòle bàntiān yě méi zuòchulai.	この問題を彼は長い間やりましたが、できません。
□ 915 **幅** fú	量 **～幅、～枚（絵や布地を数える）**
一幅画 yì fú huà	1 枚の絵
请给我看看那幅画。 Qǐng gěi wǒ kànkan nà fú huà.	その絵をちょっと見せてください。
□ 916 **架** jià	量 **～台（機械やピアノを数える）**
一架钢琴 yí jià gāngqín	1 台のピアノ
每隔两分钟就有一架飞机。 Měi gé liǎng fēnzhōng jiù yǒu yí jià fēijī.	2 分おきに飛行機があります。
□ 917 **粒** lì	量 **～粒（粒状のものを数える）**
一粒种子 yí lì zhǒngzi	1 粒の種
孩子们喜欢看《一粒种子》的故事。 Háizimen xǐhuan kàn《Yí lì zhǒngzi》de gùshi.	子どもたちは『1 粒の種』のお話を読むのが好きです。

量詞

🎧 114

□ 918 ✎顆 **颗** kē	量 **～粒、～つ（大きな球状のもの、粒状のものを数える）**
一颗星星 yì kē xīngxing	1 つの星
你看，那颗星星是北极星。Nǐ kàn, nà kē xīngxing shì Běijíxīng.	ほら、あの星が北極星です。
□ 919 **股** gǔ	量 **（におい、力、水の流れなどを数える）**
一股香味儿 yì gǔ xiāngwèir	良いにおい
厨房里飘来一股香味儿。 Chúfáng li piāolai yì gǔ xiāngwèir.	台所から良いにおいが漂ってきました。
□ 920 **株** zhū	量 **～株、～本（樹木や草などを数える）**
一株树 yì zhū shù	1 本の木
院子里有几株枣树。 Yuànzi li yǒu jǐ zhū zǎoshù.	庭には何本かのナツメの木があります。
□ 921 ✎排 **排** pái	量 **～列（並びや列になっているものを数える）**
第一排座位 dì yī pái zuòwei	1 列目の座席
您的座位在第五排。 Nín de zuòwei zài dì wǔ pái.	お座席は 5 列目です。
□ 922 **副** fù	量 **～組（1 セットで使うものや、対になっているものを数える）**
一副耳环 yí fù ěrhuán	1 組のイヤリング
一副扑克牌有五十四张牌。Yí fù pūkèpái yǒu wǔshisì zhāng pái.	1 組のトランプには 54 枚のカードがあります。

□ 923 **份** fèn	量 **～組、～人分（いくつかで組やセットになっているものを数える）**
一份套餐 yí fèn tàocān	1 人前のセットメニュー
我点了一份套餐。 Wǒ diǎnle yí fèn tàocān.	私はセットを 1 人前注文しました。
□ 924 **盒** hé	量 **～箱（箱入りのものを数える）**
一盒蛋糕 yì hé dàngāo	1 箱のケーキ
她给我送了一盒名牌蛋糕。 Tā gěi wǒ sòngle yì hé míngpái dàngāo.	彼女は私に有名なケーキを 1 箱送ってくれました。
□ 925 ✎包 **包** bāo	量 **～袋（包んだもの、袋詰めのものを数える）**
一包茶叶 yì bāo cháyè	1 袋の茶葉
我买了十包茶叶做礼物。 Wǒ mǎile shí bāo cháyè zuò lǐwù.	お土産に 10 袋の茶葉を買いました。
□ 926 ✎堆 **堆** duī	量 **～山（高く積まれたものや群れを数える）**
一堆书 yì duī shū	ひと山の本
李老师的桌子上放着一堆书。 Lǐ lǎoshī de zhuōzi shang fàngzhe yì duī shū.	李先生の机には山のように本が置いてあります。
□ 927 **批** pī	量 **（同時に行動する一群の人を数える）**
一批人 yì pī rén	一群の人
刚才又来了一批人。 Gāngcái yòu láile yì pī rén.	さっきまた一群の人がやってきました。

量詞

114

□ 928 **群** qún	[量] **～群（群れのものを数える）**
一群羊 yì qún yáng	一群の羊
楼下有一群孩子在玩儿。 Lóuxià yǒu yì qún háizi zài wánr.	下の階で子どもたちが遊んでいます。
□ 929 **块** kuài	[量] **～塊、～個（塊状や布などの薄く平らなものを数える）**
两块手绢 liǎng kuài shǒujuàn	2 枚のハンカチ
他用叉子从盘子里叉起一块肉。 Tā yòng chāzi cóng pánzi li chāqǐ yí kuài ròu.	彼はフォークで皿から肉を突き刺しました。
□ 930 ✎壺 **壶** hú	[量] **～壺（壺に入ったものを数える）**
一壶茶 yì hú chá	1 壺のお茶
请先上一壶茶。 Qǐng xiān shàng yì hú chá.	先に（ポットの）お茶を下さい。
□ 931 ✎聴 **听** tīng	[量] **～缶（缶入りのものを数える）**
一听啤酒 yì tīng píjiǔ	1 缶のビール
我在便利店买了两听啤酒。 Wǒ zài biànlìdiàn mǎile liǎng tīng píjiǔ.	コンビニでビールを 2 缶買いました。
□ 932 **碗** wǎn	[量] **～杯（碗に入ったものを数える）**
一碗饭 yì wǎn fàn	1 杯のご飯
再来一碗饭！ Zài lái yì wǎn fàn!	ご飯をもう 1 杯お願いします！

□ 933 **期** qī	量 **～期（定期的に行われることや刊行物の号数などを数える）**
第一期 dì-yī-qī	第 1 期
每期杂志他都看得很仔细。Měi qī zázhì tā dōu kànde hěn zǐxì.	毎号の雑誌を彼は全てじっくり読みます。
□ 934 **度** dù	量 **～度（温度や回数などを数える）**
一度 yí dù	1 度
哈尔滨冬天的气温经常到零下二十多度。 Hā'ěrbīn dōngtiān de qìwēn jīngcháng dào língxià èrshí duō dù.	ハルビンは冬の気温がよく零下 20 数度まで下がります。

連語

🎧115

□935 ✎着
用不着 yòngbuzháo
連 ～には及ばない、使えない

这点小事，用不着麻烦别人。
Zhè diǎn xiǎoshì, yòngbuzháo máfan biéren.
これっぽっちの事で、人に迷惑をかけることはありません。

□936 ✎開
开玩笑 kāi wánxiào
連 冗談を言う

陈老师爱开玩笑，常和我们一起聊天儿。
Chén lǎoshī ài kāi wánxiào, cháng hé wǒmen yìqǐ liáotiānr.
陳先生は冗談好きで、よく私たちと一緒におしゃべりをします。

□937
没意思 méi yìsi
連 おもしろくない、退屈である
⇔ 有意思 yǒu yìsi（おもしろい）

一个人吃饭真没意思。
Yí ge rén chī fàn zhēn méi yìsi.
１人で食事をするのは本当におもしろくないです。

□938
有的是 yǒudeshì
連 たくさんある、いくらでもある

我已经退休了，时间有的是。
Wǒ yǐjīng tuìxiū le, shíjiān yǒudeshì.
もう定年退職したので、時間はいくらでもあります。

□939 ✎時
有时候 yǒu shíhou
連 時には

我们有时候一起逛街，有时候一起去唱卡拉OK。
Wǒmen yǒu shíhou yìqǐ guàng jiē, yǒu shíhou yìqǐ qù chàng kǎlā OK.
私たちは時には一緒に街をぶらつき、時には一緒にカラオケに行きます。

□940
早就 zǎojiù
連 とっくに、早くから

我早就知道他不会来了。
Wǒ zǎojiù zhīdao tā bú huì lái le.
私はとっくに彼が来ないだろうと分かっていました。

□ 941

…之一 … zhī yī

連 **～の１つ**

万里长城是世界遗产之一。
Wàn Lǐ Chángchéng shì shìjiè yíchǎn zhī yī.

万里の長城は世界遺産の１つです。

パターン表現、結果補語、方向補語の派生義、可能補語

(1) パターン表現　116

□ 942　**不是～就是…**　búshì ～ jiùshì …　**～でなければ、…だ**

他不是上网，就是玩儿游戏。彼はインターネットをしていなければ、ゲームをしています。

□ 943　**不仅～而且…**　bùjǐn ～ érqiě …　**～ばかりでなく…も**

他不仅很能干，而且经常帮助别人。

彼は仕事ができるだけでなく、よくほかの人も助けます。

□ 944　**不管(／不论)～都／也…**　bùguǎn(/búlùn) ～ dōu/yě …

～であっても…だ

不管发生什么事，我都不会和你分手。

どんなことが起こっても、私はあなたと別れません。

□ 945　**除了～(以外)还／都…**　chúle ～ (yǐwài) hái/dōu …　**～のほかに…**

除了看书以外，你还有什么爱好？本を読む以外に、ほかに何か趣味はありますか。

□ 946　**先～然后…**　xiān ～ ránhòu …　**まず～してから…する**

我每天晚上回家先洗澡，然后再吃饭。

私は毎晩家に帰ったらまずお風呂に入り、それから食事をします。

□ 947　**等～再…**　děng ～ zài …　**～してから…する**

我们等爸爸回来，再吃饭。私たちは父親が帰ってきてから食事をします。

□ 948　**一～就…**　yī ～ jiù …　**～したらすぐに…**

我一放假就去中国旅游。私は休みになったらすぐに中国に旅行に行きます。

□ 949　**一～也…**　yī ～yě…　**1つも～ない**

我和他一句话也没说过。私は彼と一言も話したことがありません。

□ 950　**什么(／谁)都～**　shénme(/shéi) dōu ～　**何でも(／誰でも)～**

他什么都知道。彼は何でも知っています。

□ 951　**什么(／谁)也不～**　shénme(/shéi)yě bù ～　**何も(／誰も)～ない**

我什么也想不出来。私は何も思いつきません。

□ 952 **一边～一边…** yìbiān ～ yìbiān … **～しながら…する**

我一边看书，一边听音乐。私は本を読みながら、音楽を聴きます。

□ 953 **越～越…** yuè ～ yuè … **～すればするほど…だ**

这本书越看越有意思。この本は読めば読むほど面白いです。

□ 954 **越来越～** yuè lái yuè ～ **ますます～**

最近天气越来越冷了。最近（天気は）ますます寒くなってきました。

(2) 結果補語 117

動詞の直後に置かれるさまざまな動詞、形容詞が動作の結果を表します。

【動詞】

□ 955 **成** chéng **ほかのものに変化する**

请把这篇文章翻译成日语。この文章を日本語に翻訳してください。

□ 956 **到** dào **動作の達成、場所への到達**

我的钱包还没找到。私の財布はまだ見つかりません。

□ 957 **懂** dǒng **理解する**

我的话你听懂了吗？私の話、聞いて分かりましたか。

□ 958 **见** jiàn **目にする、認識する**

你看见他了吗？彼を見かけましたか。

□ 959 **完** wán **～し終わる**

我还没吃完饭。まだ食事が終わっていません。

□ 960 **在** zài **動作の結果、ある場所にいる、ある**

你到底把钱包放在哪里了？いったい財布をどこに置いたのですか。

□ 961 **住** zhù **安定する、固定する**

你一定要记住我是你最好的朋友。

私があなたの一番の友だちだとしっかり覚えておいてください。

□ 962 **走** zǒu **元の場所から離れる**

我想把没吃完的饭菜打包带走。食べ終わっていない料理を持ち帰りたいです。

【形容詞】

□ 963 **饱** bǎo **満腹になる**

我还没吃饱呢。まだ満腹ではありません。

□ 964 **错** cuò **間違える**

不好意思，我记错时间了。すみません、時間を間違えてしまいました。

□ 965 **好** hǎo **満足のいく状態になる**

我还没找好工作。まだ仕事が見つかっていません。

□ 966 **清楚** qīngchu **はっきりする**

你必须把字写清楚。文字をはっきり書かなければいけません。

(3) 方向補語の派生義 🎧118

方向補語には空間的な意味を表すだけではなく、抽象的な意味を表すものがあります。

来 lai

□ 967 **～してみると**

(“看・说・想” など特定の動詞の後につき推量する)

看来他今天身体不舒服。どうも彼は今日具合が悪いようです。

上 shang

□ 968 **合わせる、付着する**

请把门关上。ドアを閉めてください。

□ 969 **目標の達成**

我今年终于考上大学了。私は今年ついに大学に合格しました。

下 xia

□ 970 **分離を表す**

你别摘下口罩。マスクを外さないでください。

□ 971 **定着や残存を表す**

他给我留下了很深的印象。彼はとても深い印象を私に残しました。

过 guo

□ 972 **向きを変える**

我回过头看的时候，她已经走了。

私が振り返ったとき、彼女はもういませんでした。

□ 973 **時間や空間の超過を表す**

我早上睡过头了，没赶上车。朝寝坊したので、電車に間に合いませんでした。

上来
shang▾lai

□ 974 **下の部門から上の部門へ上がってくる**

领导把他从下面调上来了。

上司は彼を下（の部門）から（昇進の）配置転換しました。

□ 975 **遠いところから話し手のほうへ近づいてくる**

过了一会儿，后面的人追上来了。

しばらくすると、後ろの人が追いついてきました。

上去
shang▾qu

□ 976 **下の部門から上の部門へ上がっていく**

那个报告昨天已经交上去了。そのレポートは昨日すでに提出しました。

□ 977 **話し手のところから遠いところへ遠ざかっていく**

他赶快站起来追了上去。

彼は大急ぎで立ち上がって追いかけていきました。

下来
xia▾lai

□ 978 **とどまる、固定する**

老师把学生的名字全都记下来了。先生は学生の名前を全部覚えました。

□ 979 **継続する（過去から現在）**

虽然很累，但是我还是坚持下来了。疲れていましたが、私は我慢しました。

下去
xia▾qu

□ 980 **継続する（現在から未来）**

我要一直努力下去。ずっと頑張っていきたいです。

出来
chu▾lai

□ 981 **出現する・発見する・識別する**

我想出来一个好办法了。私は良い方法を思いつきました。

出去
chu▾qu

□ 982 **動作や情報が内から外へ出ていく**

这件事你别说出去！この事は口外しないでください！

过来
guo▾lai

□ 983 **向きが正面やこちら向きになる**

他把照片翻过来看到背面有一行字。

彼が写真を裏返して見ると、裏に１行の文字がありました。

□ 984 **正常な状態に戻る**

他已经醒过来了。彼はすでに目覚めました。

过去
guo▾qu

□ 985 **向きがあちら向きになる**

他觉得不好意思，马上把脸转过去了。

彼は恥ずかしくて、急いで顔をそむけました。

□ 986 **正常な状態を失う**

她激动得差点儿晕过去。彼女は興奮して気絶しそうになりました。

起来
qi▾lai

□ 987 **開始して持続する**

突然下起雨来了。突然雨が降り出しました。

□ 988 **～してみると**

看起来容易，做起来难。簡単に見えるが、やってみると難しいです。

(4) 可能補語　119

結果補語･方向補語の間に "得" を入れると「できる」、"不" を入れると「できない」という意味になります。

□ 989 **听得懂**　tīngdedǒng　**聞いて分かる**

你听得懂老师说的汉语吗？先生の中国語が聞いて分かりますか。

□ 990 **看不懂**　kànbudǒng　**見て分からない**

我看不懂中国的电视节目。私は中国のテレビ番組を見て分かりません。

□ 991 **买得到**　mǎidedào　**（物があって）買える**

今天的票还买得到吗？今日の切符はまだ買えますか。

□ 992 **买不到**　mǎibudào　**（物がなくて）買えない**

网上买不到火车票怎么办？ネットで列車の切符が買えなければどうしますか。

□ 993 **吃得完**　chīdewán　**（量が多くても）食べきれる**

你买这么多吃得完吗？こんなにもたくさん買って食べきれますか。

□ 994 **吃不完**　chībuwán　**（量が多いなどの理由で）食べきれない**

买多了吃不完。買いすぎて食べきれません。

□ 995 **听得见**　tīngdejiàn　**（耳に入って）聞こえる**

你听得见我的声音吗？私の声が聞こえますか。

□ 996 **听不见**　tīngbujiàn　**（耳に入らず）聞こえない**

你听不见那个声音吗？あなたはその音が聞こえませんか。

□ 997 **看得见** kàndejiàn **（目に入って）見える**

黑板上的字，你看得见吗？ 黒板の字が見えますか。

□ 998 **看不见** kànbujiàn **（目に入らず）見えない**

我什么都看不见。私は何も見えません。

□ 999 **说得清楚** shuōdeqīngchu **はっきり言える**

谁能说得清楚？ 誰がはっきり言うことができますか。

□ 1000 **说不清楚** shuōbuqīngchu **はっきり言えない**

连他本人也说不清楚。彼本人ですらはっきりとは言えません。

□ 1001 **坐得下** zuòdexià **（場所があって）座れる**

这么小的车坐得下吗？ こんな小さい車に乗れますか。

□ 1002 **吃不下** chībuxià **のどを通らない**

我已经吃不下了。もう食べられません。

□ 1003 **买得起** mǎideqǐ **（価格が適当で／お金があって）買える**

每个月挣多少钱，才能买得起房子？ 毎月いくら稼げば、家を買うことができますか。

□ 1004 **买不起** mǎibuqǐ **（価格が高くて／お金がなくて）買えない**

这么贵的包我可买不起。こんな高いかばんは私には買えません。

□ 1005 **吃得了** chīdeliǎo **（量的に）食べきれる**

这么多菜怎么能吃得了？ こんなにたくさんの料理をどうして食べきれるでしょうか。

□ 1006 **受不了** shòubuliǎo **我慢できない**

要是那样，可真受不了！ そんなことになったら、本当にたまりません！

索引

［ピンイン順］
見出し語を《現代漢語詞典》の並びを参考にピンイン順に並べました。巻末付録は方位詞、量詞、連語のみを掲載しています。各語の右側の数字は見出し語番号です。

Ⓨ

Ⓩ

[日本語50音順]

見出し語の主な日本語訳を、品詞にかかわらず50音順にまとめました。巻末付録は方位詞、量詞、連語のみを掲載しています。各語の右側の数字は見出し語番号です。

聞いて覚える中国語単語帳

キクタン 中国語【初中級編】

中検3級レベル

発行日	2021年12月15日（初版） 2024年 6 月17日（第4刷）
監修者	内田慶市（関西大学名誉教授） 沈国威（関西大学名誉教授）
著者	氷野善寛（目白大学外国語学部中国語学科准教授） 紅粉芳惠（大阪産業大学国際学部教授） 海暁芳（関西大学文化交渉学博士　北京市建華実験学校）
編集	株式会社アルク出版編集部、竹内路子（株式会社好文出版）
アートディレクター	細山田光宣
デザイン	柏倉美地（細山田デザイン事務所）
イラスト	大塚犬、たくわかつし（P40）、123RF.COM（P220）
ナレーション	姜海寧、菊地信子
音楽制作・編集	Niwaty
録音	galette studio（高山慎平）
DTP	新井田晃彦（有限会社共同制作社）、洪永愛（Studio H2）
印刷・製本	シナノ印刷株式会社
発行者	天野智之
発行所	株式会社アルク 〒141-0001 東京都品川区北品川6-7-29　ガーデンシティ品川御殿山 Website：https://www.alc.co.jp/

・落丁本、乱丁本は弊社にてお取り替えいたしております。
Webお問い合わせフォームにてご連絡ください。
https://www.alc.co.jp/inquiry/

・訂正のお知らせなど、ご購入いただいた書籍の最新サポート情報は、
以下の「製品サポート」ページでご提供いたします。
製品サポート：https://www.alc.co.jp/usersupport/

PC：7021064　　ISBN：978-4-7574-3938-2